Pascal BONIFACE

50 idées reçues sur l'état du monde

4e édition

ARMAND COLIN

Parmi les récentes publications de l'auteur :

De la guerre des étoiles aux printemps arabes. Chroniques géopolitiques 1985-2012, Armand Colin, 2013, 304 p.
Les intellectuels intègres, J.C. Gawsewitch, 2013, 416 p.
Les intellectuels faussaires, J.C. Gawsewitch, 2011, 272 p.
Don't panik (avec Médine), Desclée de Brouwer, 2012, 220 p.
Comprendre le monde, Armand Colin, 2012, 288 p.
Atlas des crises et des conflits (avec Hubert Védrine), Armand Colin, 2013, 144 p.
Atlas du monde global (avec Hubert Védrine), Armand Colin, 2008, 2e édition 2010, 128 p.
Atlas de la France, (avec Hubert Védrine), Armand Colin, 2011, 128 p.
Football et mondialisation, Armand Colin, 2006, 2e édition 2010, 174 p.
Les relations internationales depuis 1945, Dalloz, 2005, 3e édition 2010, 222 p.

ISBN : 978-2-200-28955-3
www.armand-colin.com

ARMAND COLIN ÉDITEUR • 21, RUE DU MONTPARNASSE • 75006 PARIS

Sommaire

Introduction

Nous sommes confrontés à un monde complexe, de plus en plus difficile à décrypter. La tentation peut, dès lors, être grande de renoncer à le comprendre, en laissant cela à quelques professionnels hautement spécialisés. Ils se feront un plaisir de définir un champ clos interdit aux non-initiés afin de préserver leur situation de monopole. La seconde tentation, tout aussi regrettable, est la simplification extrême. La grille de lecture est réduite à deux paramètres opposés (bien/mal, amis/ennemis, nous/les autres) censés servir de moyens de compréhension universelle. Le monde se résume à deux composantes, et il est aisé d'en choisir une. Pourtant, parler simplement des affaires mondiales ne signifie pas nécessairement simplification excessive, pas plus que le jargon des spécialistes n'est gage d'intelligence des situations.

Les questions internationales n'échappent pas aux idées reçues. Il en serait une de taille de penser qu'elles n'encombrent l'esprit que des non-initiés. Elles circulent également chez les professionnels de la géopolitique, qu'ils soient responsables politiques, diplomates, officiers, experts, enseignants, chercheurs ou journalistes. Si parfois certains les font circuler à dessein parce qu'ils estiment qu'elles correspondent à leurs convictions ou leurs intérêts, elles sont la plupart du temps propagées de bonne foi.

Ces idées reçues sont d'autant plus fortement enracinées que ceux qui les véhiculent le font en toute sincérité et sont honnêtement convaincus de ce qu'ils avancent. On les trouve un peu partout, et pas seulement sur Internet : journaux, magazines, livres – y compris parmi les ouvrages érudits –, débats politiques en fourmillent. Très souvent, elles ont l'apparence du vraisemblable : elles ne sont pas complètement fantasmatiques, mais semblent relever du bon sens. À force de les voir circuler, elles se parent de la vertu de l'évidence. Généralement, elles ont une racine de réalité à partir de laquelle se développe un contresens.

J'ai choisi de traiter cinquante idées reçues parmi les plus répandues sur les affaires mondiales. Après avoir énoncé l'évidence et les raisons de celles-ci (indiquées en italique dans le texte pour plus de clarté), je me suis efforcé de montrer l'autre face du décor, la réalité qui se cache derrière l'apparence.

1

C'est vrai, je l'ai lu dans un livre

Le livre est le symbole du savoir et de sa transmission aux yeux du public. Celui qui en écrit se distingue du simple lecteur. Le livre représente le fruit d'un travail de longue haleine, mélange de réflexions et de connaissances approfondies. À l'heure d'Internet et de la télévision, il conserve un statut particulier par ce qu'il suppose de références, de vérifications et de crédibilité scientifique.

Croire que ce qui est dans un livre ne peut qu'être la vérité est une erreur que font souvent les étudiants – qui par ailleurs lisent assez peu de livres, contrairement à une autre idée reçue ! Combien de fois ai-je entendu cette phrase venir ponctuer et comme renforcer la démonstration de ceux auxquels j'enseigne ? Simplement, les livres ne sont pas tous des textes neutres se contentant de retracer les faits et de les resituer dans leur contexte. L'exemple des manuels d'histoire est intéressant : ils reflètent très fortement l'idéologie nationale au moment de leur rédaction. Il suffit de consulter en parallèle d'anciens livres d'histoire français et allemands – par exemple sur la première guerre mondiale – pour constater que les mêmes faits ne donnent pas lieu à la même description, et encore moins à la même interprétation. Certes, ces deux pays se sont considérablement rapprochés depuis une soixantaine d'années, au point qu'il existe désormais un manuel d'histoire commun dont l'objectif est de « poser les bases d'une conscience historique commune chez les élèves allemands et français ». Mais le simple fait que ces deux pays puissent s'entendre sur leur histoire commune atteste de leur rapprochement idéologique actuel, et le fait que cette publication conjointe soit présentée comme une exception montre la difficulté de l'exercice. À quand, par exemple, un manuel d'histoire commun à la France et à l'Algérie ? De même, aujourd'hui, le conflit du Proche-Orient et son histoire ne sont évidemment pas racontés de la même façon dans les manuels israéliens et dans les manuels arabes. Plus à l'Est, Chinois et Japonais se disputent régulièrement sur la façon d'écrire ou de réécrire leur histoire, les polémiques les plus violentes portant sur le récit de l'occupation de la Chine par le Japon dans les années 1930 – les récits du passé ayant bien sûr une résonance sur les enjeux actuels : ici, qui aura le leadership sur l'Asie ?

En dehors des manuels, il existe bien entendu une multitude d'essais dans lesquels justement l'auteur défend une thèse, prend position, parfois de façon ouverte, mais parfois également de façon masquée justement pour influencer subrepticement le public en faveur de ses idées, soit parce qu'il y croit sincèrement, soit parce qu'il a un intérêt à le faire croire. Les sujets d'apparence plus neutre que l'histoire, techniques – par exemple, en économie – ou scientifiques – en biologie – peuvent abriter des thèses parfaitement engagées. Avant d'ouvrir un livre, il est recommandé de savoir qui écrit (universitaire, journaliste, personnalité engagée), d'où il écrit (pays, institution, époque) et pourquoi (suite à quel événement ou en prévision de quelles échéances), afin d'en déduire à travers quelles « lunettes » l'auteur observe la réalité et la retranscrit pour son lecteur. Celui-ci est en droit d'exiger de l'auteur qu'il lui fournisse des éléments fiables et vérifiés (dates, chiffres, noms, etc.). Quant à l'analyse, elle ne sera jamais parfaitement neutre, quel que soit l'effort d'objectivité de l'auteur. Au lecteur d'exercer son sens critique, par exemple en multipliant les sources d'information pour mieux les recouper.

Ainsi, tout ce qui est écrit dans les livres, y compris d'ailleurs dans celui-ci, est contestable. Un lecteur averti en vaut deux !

2

Les experts aident à comprendre les événements

Les experts ont acquis au fil du temps une solide connaissance du domaine sur lequel ils s'expriment. Contrairement aux journalistes, souvent généralistes, ils se sont spécialisés sur un sujet bien défini. Ils représentent le savoir sur une matière particulière et donnent donc un avis scientifique. Leur statut est une garantie de sérieux et d'objectivité pour le public.

L'objectivité et la neutralité peuvent-elles exister sur des sujets aussi sensibles et aussi importants que les relations internationales ? Certainement pas ! Un expert peut avoir développé une connaissance approfondie du sujet, ce n'est pas pour autant un gage d'objectivité. L'expertise ne peut pas permettre de présupposer la neutralité. L'expert peut être soumis à des influences, selon son parcours personnel, ses origines, les milieux qu'il fréquente, etc. Tout au plus peut-on attendre d'un expert un point de vue honnête intellectuellement, et qu'il exprime sa pensée en fonction d'un raisonnement, fut-il personnel. Sa scientificité est censée limiter au maximum – mais non pas empêcher – toute subjectivité. La question devient plus délicate lorsque des experts s'inventent des titres universitaires inexistants, des fonctions fantaisistes (ou se revendiquent de structures au titre ronflant, qui ne sont en fait que des coquilles vides), à la seule fin de pouvoir impressionner le public et de l'induire en erreur. Nous sommes là en présence de cas de manipulation de l'information, l'expert en question va développer un point de vue faussement objectif et scientifique, alors qu'il parle au nom d'intérêts privés ou étatiques, auxquels il adhère par conviction ou tout simplement parce qu'ils constituent pour lui une source de revenus. Le fait, entre mille exemples, que des « experts » aient pu affirmer avant le déclenchement de la guerre en Irak que le pays avait des armes de destruction massive – ce qui était faux mais qui était censé justifier la guerre aux yeux de l'opinion – montre que certains ont plus pour fonction de manipuler l'opinion que de l'éclairer. Il faut faire attention aux « intellectuels faussaires » qui essaient, non pas d'éclairer l'opinion, mais de la tromper.

3

Les médias contrôlent l'opinion

Ce sont les médias qui fournissent l'information au public. Ils peuvent donc sélectionner celles qui leur conviennent et orienter ainsi les opinions publiques. L'apparition de « mass media », et notamment la télévision, est venue accentuer les possibilités de formatage de l'opinion.

Les médias de masse (*mass media*, en anglais) se définissent par le fait qu'ils organisent la communication de « un » vers « plusieurs », et que le message est unilatéral (pas d'interaction avec le public). La télévision est le média de masse par excellence.

Il est vrai que les pouvoirs ont toujours voulu contrôler les médias afin de pouvoir orienter les opinions. Dans ce cas, l'information peut devenir rapidement de la propagande, que cette politique soit menée volontairement ou qu'elle soit tacitement intégrée par les rédactions (la pire des censures étant l'autocensure). Dans de nombreux pays, les médias échappent aujourd'hui au contrôle de l'État. Mais la question de l'indépendance des médias n'est pas résolue par leur privatisation, loin s'en faut. En effet, s'ils sont la propriété d'intérêts privés, ceux-ci peuvent aussi avoir d'autres agendas que la seule information du public. Les médias appartenant à des partis politiques ou à des mouvements associatifs au moins affichent franchement leur opinion.

Pour autant, les médias ne parviennent pas totalement à formater l'opinion. Dans les pays dictatoriaux, s'il n'est guère loisible de s'exprimer, on sait que ce que disent les médias officiels n'est pas la vérité. Il y a donc une forte tentation de ne pas croire ce qui est lu, vu ou entendu, même lorsqu'il s'agit de faits authentiques. Dans les autres systèmes politiques, les médias sont soumis à un système concurrentiel. S'ils s'écartent trop de ce que le public est prêt à recevoir, ils seront délaissés par lui. On peut dire qu'ils sont tout aussi contraints et influencés par l'état de l'opinion qu'ils ne l'influencent eux-mêmes. La chaîne américaine CNN a parfois été présentée comme le sixième membre permanent du Conseil de sécurité de l'Organisation des Nations unies parce que celui-ci n'envoyait des troupes que si les caméras de CNN avaient montré le conflit. En période de guerre, la bataille de l'opinion fait rage, mais le monopole sur l'information internationale, que CNN avait auparavant, a été ébranlé par l'apparition d'autres chaînes dont la moindre n'est pas Al-Jazeera, la chaîne de télévision du Qatar surnommée la « CNN arabe ». En France, alors que la quasi-totalité des médias plaidaient pour le « oui » au référendum sur le traité constitutionnel de l'Union européenne en 2005, c'est le « non » qui l'a largement emporté. Internet et les nouvelles technologies permettent, par ailleurs, d'établir des contre-pouvoirs décentralisés : la multiplicité des sources d'information, la création de blogs et de chats fait que, grâce à Internet, l'information n'est plus à sens unique, et ne se fait pas de « un » vers la « masse », mais de « plusieurs » vers « plusieurs ». Mais attention à la qualité des informations diffusées par des personnes dont ce n'est pas le métier, sans parler des tentatives de manipulation par le lancement d'informations truquées. Le contrôle quasi total des médias nationaux par Ben Ali ou Moubarak n'a pas empêché leur chute, les populations n'étant plus prisonnières d'une source unique d'information. Les réseaux sociaux se sont avérés une source importante d'information et de regard critique sur les médias. Il y a donc une relation dialectique d'influence entre médias et opinion.

4

Le 11 septembre a changé le monde

Les attentats du 11 septembre 2001 aux États-Unis ont choqué la planète et constituent un tournant stratégique qui a changé la face du monde. Ils nous ont fait basculer dans l'univers du terrorisme global. Plus rien ne sera comme avant après ce terrible événement.

On confond ici l'apparence spectaculaire et terrifiante des événements du 11 septembre 2001 et leur impact réel sur l'ordre mondial. Les attentats contre le World Trade Center à New York et le Pentagone à Washington ont été vécus en direct dans le monde entier par l'intermédiaire de la télévision. Les images bouleversantes, diffusées en boucle par les médias, sont dans toutes les mémoires, ainsi que le terrible bilan : près de 3 000 morts ! Le choc a été immense, l'effet de surprise total. Qui aurait pu imaginer qu'un groupe de terroristes pourrait détourner des avions civils pour frapper au cœur de la nation la plus puissante du monde ? Les services de renseignements américains, CIA et FBI en tête, pourtant au courant d'une menace imminente, n'avaient pas anticipé pareil événement. La disproportion des moyens disponibles et de la puissance entre Al-Qaïda et les États-Unis les avait empêchés de prendre au sérieux cette hypothèse, pourtant évoquée par certains spécialistes, dont les services de renseignement français.

Mais au-delà de cet apparent séisme géopolitique, la structure même des relations internationales n'a pas été bouleversée par les attentats du 11 septembre. Les rapports de force entre les grandes puissances n'ont pas été modifiés, et les États-Unis ont même affirmé leur leadership en entraînant leurs alliés dans la « guerre contre le terrorisme ». Pour avoir été durement touchés, les États-Unis n'ont pas été affaiblis. S'ils l'ont été, c'est par les conséquences catastrophiques de la guerre d'Irak qui n'était pas la réponse appropriée aux attentats du 11 septembre. La place respective du Japon, de la Chine, de l'Europe, de la Russie, etc., n'a pas structurellement changé, et les systèmes d'alliance n'ont pas été considérablement modifiés. Si les puissances émergentes se sont affirmées, cela n'est pas dû au 11 septembre, mais à leur croissance. Les grands défis que le monde avait à relever – réchauffement climatique, inégalités économiques Nord/Sud, grandes pandémies, conflits locaux – n'ont pas non plus subi de modification fondamentale de leur problématique. Le terrorisme existait depuis longtemps, il a simplement frappé plus fort avec une réussite qui a surpris, y compris ceux qui avaient conçu ces attentats. Si la chute du mur de Berlin et la dissolution de l'Union soviétique ont entraîné la création d'un monde nouveau avec la fin de l'ère bipolaire bloc contre bloc, le 11 septembre n'a pas eu un tel effet. L'Amérique a redécouvert sa vulnérabilité, et sous la direction de George W. Bush, elle en a tiré des conclusions – à notre sens, erronées – qui ont conduit à la guerre en Irak. Mais celle-ci, pour déstabilisatrice qu'elle soit dans la région, ne remet pas en cause les grands équilibres. Le 11/09 n'est pas le 09/11, date de la chute du mur de Berlin en 1989, qui a symbolisé la fin du monde bipolaire.

5

Ce sont les Américains qui ont eux-mêmes organisé les attentats du 11 septembre 2001

À qui profite le crime ? Grâce aux attentats du 11 septembre 2001, les Américains ont pu légitimer leur invasion de l'Irak et accroître leur contrôle sur le Proche-Orient. Ils ont pu ainsi justifier l'augmentation de leur puissance militaire et assouvir leur soif de domination du monde.

La théorie du complot – selon laquelle les événements correspondent à un complot organisé de façon occulte par de puissants groupes – est très répandue. Elle s'est appliquée à cet événement extraordinaire qu'ont été les attentats du 11 septembre 2001 aux États-Unis. Le choc émotionnel créé par ces attaques et leur caractère absolument inattendu, voire invraisemblable, sont venus accréditer l'idée qu'elles ne pouvaient pas avoir été conçues et réalisées par un groupe terroriste extérieur, mais relevaient d'un complot intérieur. Face à un déroulement trop évident et à l'apparence incontestable – l'effondrement des *Twin Towers* a été vu par des millions de personnes de par le monde à la télévision –, l'idée d'une mise en scène particulièrement habile destinée à tromper le public s'est développée. Selon cette théorie, et contrairement à ce que croit la majorité des gens (des terroristes ont attaqué les États-Unis), ce serait le pouvoir américain lui-même – et plus précisément un complexe militaro-industriel relayé au sein de l'administration Bush par un noyau de néoconservateurs – qui aurait organisé les attentats. L'objectif de ce complot aurait été de justifier une politique planifiée auparavant, consistant à augmenter le budget de la Défense et à prendre le contrôle, y compris par la guerre, de l'ensemble du Proche-Orient et de ses réserves pétrolières. Le tout sur fond de remise en cause des libertés fondamentales aux États-Unis par l'application de l'*USA PatriotAct*. Dans une version encore plus délirante, certains ont accrédité l'idée selon laquelle ce serait Israël (ou les Juifs) qui aurait organisé ces attaques ; la consigne aurait même été transmise aux citoyens de confession juive se trouvant habituellement au World Trade Center de ne pas s'y rendre ce jour-là. Il est vrai que le projet d'attaquer l'Irak existait préalablement aux attentats du 11 septembre : il avait déjà été proposé au président Bill Clinton en 1998 par les idéologues du PNAC (Project for the New American Century), un *think tank* néoconservateur dont Donald Rumsfeld, futur secrétaire à la Défense, Paul Wolfowitz, son adjoint, et Jeb Bush, le frère de George W., étaient des membres éminents… Il est aussi vrai que la fortune de la famille Bush provient de l'industrie du pétrole, secteur dont viennent Dick Cheney, le vice-président, et Condoleezza Rice, conseillère à la Sécurité nationale, puis Secrétaire d'État. Nul doute également que la famille du président entretient des liens d'amitié avec une partie de la famille régnante d'Arabie Saoudite, pays d'origine d'Oussama Ben Laden et de la majorité des pirates de l'air du 11 septembre. Mais que ces attentats contre les États-Unis aient été commis à ces fins, et qu'un tel acte ait été possible sans qu'à aucun moment personne ne dévoile le complot, peut paraître hautement improbable.

Les théories de complot ont souvent émergé sur la base d'événements toujours inexpliqués, comme l'assassinat du président Kennedy en 1963 qui aurait été commandité par la CIA, ou dramatiques, tels que l'attaque japonaise sur la base américaine de Pearl Harbor en 1941 que le président Roosevelt n'aurait pas tenté d'empêcher afin de mobiliser l'opinion publique américaine hostile à l'entrée en guerre des États-Unis. Il est vrai que l'attitude de l'administration Bush qui n'hésite pas, pour justifier la guerre en Irak, à utiliser le mensonge (comme l'existence prétendue d'armes de destruction massive), et ce devant l'Organisation des Nations unies, vient renforcer la position et le nombre de ceux qui croient à la théorie du complot. En effet, lorsque le pouvoir ment sur un point particulièrement grave, il met en péril sa crédibilité sur tous les autres sujets. Ceci explique qu'une partie de l'opinion ayant en mémoire les mensonges de la guerre d'Irak n'ait pas cru aux accusations d'usage d'armes chimiques en 2013 par Bachar el-Assad.

6

Le monde progresse

Les progrès technologiques permettent d'améliorer la condition humaine en termes de richesses, de biens disponibles, de nutrition, de santé, d'éducation, etc. La satisfaction des besoins élémentaires de tous, autrefois inaccessible, est désormais possible. De l'allongement de la durée de vie à l'amélioration de l'habitat, des conditions du travail, l'ampleur des biens consommés et l'augmentation des subsistances, le progrès a permis d'améliorer la vie des hommes.

Internet, nanotechnologies, organismes génétiquement modifiés (OGM), clonage… L'accélération du nombre d'innovations et de dépôts de brevets dans tous les domaines scientifiques pourrait amener à penser que les sociétés humaines sont en passe de régler leurs trois problèmes essentiels : la rareté des biens, la maladie et la mort, les obstacles de temps et d'espace. Pourtant, il serait naïf de penser que les progrès technologiques améliorent automatiquement le sort de la majorité de la population. D'abord, la science ne peut pas tout : même si la « Révolution verte » des années 1960-1970 a augmenté considérablement la production de céréales, par exemple en Inde, celle-ci court toujours après la croissance de la population. Autre révolution dans l'agriculture : les OGM. Présentés par les firmes qui les commercialisent comme la solution aux famines, ces plantes génétiquement modifiées n'en posent pas moins une série de problèmes allant de la destruction de la biodiversité au monopole mondial de la vente des semis par quelques entreprises multinationales… Dans le domaine de la santé, la recherche est en partie réalisée par des laboratoires privés dans les pays développés qui s'intéressent principalement aux maladies de l'hémisphère nord ; ce qui explique que des maladies aussi meurtrières dans les pays du Sud que le paludisme fassent peu l'objet de recherche.

Ainsi, le progrès technologique n'apporte pas en lui-même la solution à tous les problèmes. Rien ne se fait naturellement, et beaucoup dépend de décisions qui sont prises au niveau politique. Par exemple, les nouvelles technologies de l'information permettent à la fois une décentralisation du savoir et de la communication, mais peuvent également donner les moyens à des régimes autoritaires de surveiller de façon plus encadrée les individus. De plus, si les grandes idéologies collectives (comme le nazisme), qui avaient conduit à des massacres de masse, n'ont plus cours, le fanatisme reste bel et bien présent. Le progrès technique peut servir ce fanatisme en permettant une diffusion plus grande des moyens de destruction (comme les armes de destruction massive nucléaires, chimiques ou bactériologiques). Le progrès technologique rend plus fragile les sociétés à des attaques externes. Une attaque massive sur les réseaux informatiques est toujours possible, et peut avoir des conséquences désastreuses sur les systèmes financiers, les systèmes de défense et sur l'alimentation en énergie. Plus généralement, le progrès peut s'accompagner d'une certaine déshumanisation de la société, d'un abaissement des solidarités, du développement de l'individualisme et de l'égoïsme. De plus, si les progrès techniques offrent de meilleurs moyens de connaître le monde, ils ne conduisent pas automatiquement à de plus grandes capacités de le comprendre

Les peuples du monde – ou du moins une partie d'entre eux – peuvent satisfaire plus facilement et plus rapidement leurs besoins. Sont-ils pour autant plus heureux qu'auparavant ? Rien n'est moins sûr.

7

Il existe une communauté internationale

La communauté internationale correspond à l'échelle planétaire à ce qu'on appelle la communauté nationale à l'intérieur de nos frontières. C'est elle qui tente de gérer au mieux les affaires mondiales au nom de l'intérêt collectif. On l'évoque d'ailleurs dès qu'un problème d'importance majeure se pose. Tous les peuples partagent la même terre et forment donc une communauté.

Le monde s'est rétréci du fait de la globalisation. Nous avons une meilleure connaissance des cultures lointaines, de par le développement des transports et des nouvelles technologies de la communication et de l'information ; cultures et peuples se mélangent du fait des migrations internationales. Pour autant, cette expression de « communauté internationale » est largement dévoyée. Même en faisant abstraction des acteurs non étatiques (firmes multinationales, ONG, organisations internationales, mouvements terroristes et opinion publique internationale), dont pourtant l'action a un impact incontestable sur les relations internationales, et en se limitant aux seuls États, il paraît évident que parmi les membres de cette communauté supposée, tous n'ont pas les mêmes intérêts.

Certes, le monde n'est plus bipolaire comme à l'époque de la guerre froide, mais on chercherait en vain une appréciation commune et collective des grands enjeux. Il n'y a pas de gouvernance mondiale grâce à laquelle l'intérêt collectif serait arbitré par des décisions non contestées ; on en reste à la somme des intérêts individuels et contradictoires des États, avec de surcroît, des choix de court terme (souvent calqués sur les calendriers électoraux), et non pas une réflexion sur le long terme. Sporadiquement, la « communauté internationale » se manifeste à l'occasion d'une catastrophe à l'échelle mondiale, qu'il s'agisse du réchauffement climatique, de catastrophes naturelles ou nucléaires, ou de l'extension de grandes pandémies. Or, le problème est que si les frontières ne peuvent plus arrêter les catastrophes, elles sont encore suffisamment fortes pour interdire des décisions collectives. La question du réchauffement climatique est symptomatique à cet égard : la menace est grave et immédiate ; elle concerne tous les pays (riches, pauvres, pollueurs ou moins pollueurs) ; il faut agir à la fois dans l'urgence et sur le long terme ; chacun peut agir, même à son petit niveau. Pourtant, les différents pays n'ont pas encore été capables de prendre des décisions collectives contraignantes et efficaces pour lutter contre cette menace.

D'ailleurs, lorsque les médias utilisent le terme de communauté internationale, c'est le plus souvent pour évoquer l'absence de décision ou de résultats positifs. S'il existe une communauté internationale, son caractère le plus visible reste l'impuissance. Ce qui justifie la boutade suivante : La communauté internationale, c'est comme le monstre du Loch Ness ; tout le monde en a entendu parler, mais personne ne l'a jamais vu.

8

Il n'y a plus de frontières

La globalisation est venue supprimer les frontières, incapables de s'opposer aux flux et aux réseaux. Les enjeux territoriaux sont devenus mineurs. Le temps et les distances ont été spectaculairement réduits – pour les chefs d'États comme pour les simples citoyens – par le téléphone ou Internet ; le contact entre personnes éloignées de milliers de kilomètres peut être immédiat. Des flux financiers énormes traversent la planète en une seconde sans être arrêtés par une seule barrière physique.

La globalisation est souvent présentée comme ayant mis fin aux logiques territoriales et ayant permis l'effacement des frontières. Bien sûr, les distances ont été raccourcies par le développement des communications, et réaliser le tour du monde en quatre-vingts jours n'est plus un exploit comme à l'époque de Jules Verne. Plus aucun État ne peut vivre en autarcie – même la Corée du Nord entretient des relations avec ses voisins et d'autres pays. Pourtant, il est difficile de parler de fin de frontières.

Si se déplacer du Nord au Sud de la planète (de façon individuelle pour des raisons professionnelles ou de façon massive pour des raisons touristiques) est chose de plus en plus simple et abordable financièrement, migrer pour des raisons économiques du Sud au Nord devient de plus en plus malaisé. Face aux facilités de transport, les États opposent des politiques restrictives de visas qui n'existaient pas au XIXe siècle. Lorsque ce n'est pas suffisant pour décourager les migrants, la tentation est grande pour les États de construire des murs, comme le font les États-Unis à la frontière mexicaine ou l'Espagne pour protéger ses enclaves de Ceuta et Melilla, portes d'entrée de l'Union européenne au Maroc.

La délimitation des territoires reste encore la raison principale de la plupart des conflits. Celui, emblématique, qui oppose Israéliens et Palestiniens, est avant tout un conflit politique qui porte sur le partage (ou non) de territoires, y compris de la ville de Jérusalem, et non un conflit religieux.

La guerre du Golfe de 1990-1991 a, quant à elle, été causée par l'annexion du Koweït par l'Irak, celle de 2003 par la volonté américaine de remodeler la carte du Proche-Orient. De nombreux conflits territoriaux non résolus sont la source de tensions interétatiques (entre l'Inde et le Pakistan, par exemple, ou entre la Chine et le Japon). Le conflit israélo-palestinien n'est pas religieux (les Israéliens ne veulent pas convertir les Palestiniens au judaïsme, et ceux-ci ne veulent pas convertir les Israéliens à l'islam ou au christianisme) mais porte bien sur des territoires. Quant à la menace terroriste actuelle, elle est certes délocalisée, mais les cibles éventuelles sont situées sur le territoire d'États, et c'est à ces États que revient la responsabilité d'organiser leur défense.

Ainsi, frontières, territoires et États sont toujours aussi pertinents pour comprendre les relations internationales au XXIe siècle.

9

L'État n'a plus de pertinence au niveau international

Trop petit pour les grandes choses et trop grand pour les petites, l'État nation classique a perdu son utilité et son rôle central à l'heure de la globalisation. Il est concurrencé sur la scène internationale par les multinationales, les organisations internationales, les ONG et de multiples nouveaux acteurs plus mobiles et plus souples, dont les opinions ne sont pas des moindres.

Il est incontestable que l'État n'a plus le monopole de la qualité d'acteur sur le plan international. On ne peut plus désormais décrire les relations internationales comme se limitant à des relations interétatiques, ainsi que le faisait, il y a encore deux générations, la théorie classique. D'ailleurs, ce monopole n'a jamais réellement existé. Des entités à vocation spirituelle ou économique – de la compagnie des Indes à celle de Jésus, en passant par les Templiers – ont exercé un réel pouvoir sur les affaires du monde à leur époque. Les acteurs non étatiques ont survécu à l'établissement de l'ordre de Westphalie en 1648 (consacrant le principe de souveraineté et le rôle central de l'État). L'État a toujours eu des concurrents sur la scène internationale, mais la globalisation fait que ces derniers sont aujourd'hui plus nombreux, plus diversifiés, plus actifs et plus visibles.

C'est l'objectif même des organisations non gouvernementales (ONG) à vocation sans frontières de s'affranchir de la souveraineté des États. Les firmes multinationales peuvent établir un rapport de force qui leur est favorable, y compris avec des États relativement développés et plus encore avec les pays pauvres. Les autres acteurs ont pour eux la souplesse, une plus grande réactivité et un moindre souci des procédures (par exemple, l'utilisation d'Internet avait permis aux altermondialistes d'organiser en un temps record une opposition musclée au sommet de l'Organisation mondiale du commerce à Seattle en 1999). Il n'en reste pas moins que s'il n'en a plus le monopole, l'État reste l'acteur central des relations internationales. C'est vers lui que l'ensemble des autres acteurs, des ONG aux firmes multinationales, dirige leurs activités. Quelle que soit la puissance d'une firme multinationale (et des lobbies qui peuvent faire pression sur les États pour faire valoir leurs intérêts), c'est bien l'État qui, *in fine*, fixe les règles d'investissements et le droit du travail, pour ne pas parler de la construction des infrastructures. Les ONG peuvent plaider pour l'établissement de règles (interdiction des mines antipersonnel, protocole de Kyoto, durée des brevets sur les médicaments, etc.), ce sont bien en dernière instance les États qui décident de les créer en ratifiant ou non les traités. L'État a perdu le monopole de la représentation de la vie sociale internationale, mais il conserve la primauté sur la scène internationale. Et lorsqu'un État devient trop faible et ne peut plus exercer ses prérogatives de souveraineté (État failli), il devient un danger pour sa propre population et son environnement.

10

La mondialisation s'impose à tous

Responsables gouvernementaux et experts ne cessent de proclamer leur impuissance face à la globalisation. La puissance des changements technologiques, politiques et sociaux qui en découlent sont tels qu'on ne peut s'y opposer. Il est impossible d'en arrêter le mouvement et même d'en modifier le cours.

L'argument de l'impuissance face à la mondialisation (ou à la « globalisation », pour s'en tenir à un terme proche du mot anglais « globalization ») est trop souvent mis en avant pour faire passer des décisions qui, en réalité, ne relèvent pas d'obligations absolument incontournables, mais bel et bien de choix politiques particuliers. Très souvent, on invoque la globalisation pour contraindre ceux qui sont le moins payés à modérer leurs revendications, (sinon les emplois sont délocalisés dans les pays du Sud ou de l'Est), et permettre à ceux qui sont en haut de la chaîne hiérarchique d'augmenter de façon exponentielle leurs revenus, (sinon les compétences s'expatrient dans d'autres pays du Nord). La mondialisation qu'est-ce que c'est ? C'est l'effacement des frontières du fait des nouveaux moyens technologiques qui permettent de meilleures communications, transports et contacts, une liberté plus grande des mouvements de capitaux, l'extension de l'économie de marché, l'irruption des technologies de l'information ; c'est en même temps, la cause et la conséquence de la chute du communisme, cet événement géopolitique qui a mis fin à un monde coupé en deux. Par voie de conséquence, pour les uns, la mondialisation est l'extension à l'échelle mondiale des valeurs démocratiques et de la prospérité. Pour les autres, c'est l'américanisation de la planète, l'augmentation des inégalités et la remise en cause des identités au profit d'un monde déshumanisé. Mais de fait, que l'on en soit satisfait ou non, la mondialisation est là : il est certain qu'on ne supprimera pas Internet ou qu'on ne reviendra pas en arrière sur la facilité des communications. Ce constat est certainement à l'origine d'un glissement de vocabulaire : les « antimondialistes » qui contestaient dans les années 1990 les conditions de la globalisation se nomment majoritairement maintenant « altermondialistes », signifiant ainsi qu'une autre mondialisation est possible. Certes, la mondialisation est efficace, mais elle ne produit pas naturellement de la justice sociale, elle suscite au contraire de nouvelles inégalités. Mais cette situation n'est pas une fatalité. Contrairement à ce que l'on entend souvent, la globalisation n'est pas un processus mécanique difficile à arrêter ; elle peut être un projet dont les contours seront déterminés par des choix politiques. Tout dépend des orientations prises. La mondialisation peut fort bien être encadrée politiquement bref, régulée. Les décideurs peuvent être aujourd'hui différents de ceux d'hier ils ne sont pas pour autant impuissants, sauf de façon volontaire. L'enjeu de la mondialisation, c'est sa régulation.

11

Ce sont les firmes multinationales qui dirigent le monde

Parmi les cent premières entités économiques mondiales, on compte plus de firmes multinationales (FMN) que d'États, si l'on compare le chiffre d'affaires des uns et le PNB des autres. Le chiffre d'affaires des cent premières sociétés mondiales est supérieur au PNB cumulé de cent trente-deux États membres de l'Organisation des Nations unies. Les cent cinquante plus grosses firmes multinationales réalisent plus d'un tiers des exportations mondiales.

Il serait difficile de nier le rôle des firmes multinationales. Leur poids financier et économique leur permet de jouer un rôle important, les conduisant même, dans certains cas, à engager un bras de fer avec les États. L'exemple le plus frappant reste la participation de la firme américaine ITT dans le sanglant coup d'État militaire qui renversa le président Salvador Allende au Chili en 1973. Les firmes multinationales sont souvent accusées de piller le tiers-monde (par exemple, les firmes pétrolières), de participer à l'uniformisation culturelle (Coca-Cola, McDonald's, etc.), de sous-payer leurs salariés des pays du Sud (comme dans les maquiladoras américaines au Mexique) et de profiter du travail des enfants, de n'être pas respectueuses de l'environnement, de mettre en danger la vie des populations locales (l'explosion de l'usine chimique Union Carbide à Bhopal en Inde avait fait des milliers de morts en 1984), de mener des politiques subversives par rapport à certains gouvernements ou de soutenir des dictatures, bref d'imposer leur loi, y compris à des gouvernements démocratiques. À l'inverse, d'aucuns estiment que leurs salariés ont plus de droits et d'avantages que les autres.

Des processus de concentration aboutissent à ce que certaines firmes multinationales exercent une position dominante sur un secteur économique particulier. De plus en plus détachées de leur pays d'origine, elles cherchent à s'émanciper des contraintes territoriales ; elles vont là où l'activité est la plus rentable et suivent une logique coût/opportunité obéissant à l'exigence de rentabilité. Elles sont donc peu soucieuses du sort des populations.

Pour autant, l'État conserve la maîtrise des politiques publiques, éducation, santé, infrastructures, édictions des normes de droit concernant la fiscalité, les investissements, etc. Et surtout, la visibilité des firmes multinationales, qui est un atout, peut se transformer en faiblesse. Elles doivent, ne serait-ce que pour des raisons commerciales, conserver une image positive auprès du public et des consommateurs. Les campagnes de boycott contre les produits de FMN peuvent les mettre en grande difficulté. C'est pour cela que de plus en plus de FMN entrent dans un processus de « responsabilité sociale des entreprises » (RSE) qui impose tout au long de la chaîne de production des critères sociaux, environnementaux et éthiques. Ainsi, en se créant une image écologiquement et socialement correcte, elles prennent à revers la contestation et s'ouvrent de nouveaux marchés.

12

La puissance militaire n'est plus utile

Au sortir de la guerre froide et après la disparition de la menace soviétique, on a beaucoup parlé des « dividendes de la paix », ce qui avait conduit à l'espoir de fortes réductions des dépenses militaires mondiales.

La compétition Est/Ouest avait conduit Soviétiques et Américains à se lancer dans une coûteuse course aux armements. Elle avait entraîné un déclin relatif des États-Unis et littéralement épuisé l'Union soviétique. À l'inverse, les pays privés d'autonomie stratégique après la Seconde Guerre mondiale, comme l'Allemagne et le Japon, paraissaient bénéficier d'une santé économique insolente. Il n'en fallut pas moins pour penser que la force militaire était un critère de puissance dépassé. L'Organisation des Nations unies (ONU) n'avait-elle pas réussi à faire jouer les règles de la sécurité collective pour la guerre d'Irak, de 1990 à 1991 ? Il n'était plus nécessaire et devenait même contre-productif de consacrer une trop grande part de sa richesse aux dépenses militaires. Non seulement elles ne contribuaient plus à la sécurité d'un pays, mais elles venaient au contraire l'affaiblir.

Pourtant, ce ratio entre part du PIB consacré à la défense et bonne santé économique n'est pas aussi évident. Il est vrai qu'avec 15 % ou 20 % de sa richesse consacrée à l'armement, l'URSS s'est affaiblie économiquement. Mais d'autres raisons expliquent l'échec du système soviétique (bureaucratie, absence d'initiative, etc.). Le Japon était certes en bonne santé avec seulement 1 % de son PIB consacré à la défense, mais on trouve également des exemples contraires. Taiwan qui dépensait 10 % de son PIB pour sa défense était en meilleure santé économique que de nombreux pays africains qui y consacraient moins de 1 %. De plus, mis à part l'épisode de la guerre d'Irak en 1990-1991, la fin de la guerre froide n'a pas débouché sur la mise en place d'un réel régime de sécurité collective ; par conséquent, la préservation de capacités de défense était la condition même de l'autonomie et de l'indépendance.

Dans un monde qui n'est pas entièrement régi par le droit, la possession de capacités de défense permet toujours d'assurer son indépendance politique. À l'inverse, trop compter sur sa puissance militaire pour régler des différends politiques peut amener à de graves erreurs stratégiques et développer l'insécurité, comme le montre l'échec américain en Irak depuis 2003. En Irak et en Afghanistan, malgré leur suprématie militaire, les États-Unis ont échoué. Les guerres de « contre-insurrection » semblent vouées à l'échec pour les puissances intervenantes extérieures. Les États-Unis réalisent aujourd'hui à eux seuls plus de 40 % des dépenses militaires mondiales sans pour autant estimer que leur sécurité est assurée. Par ailleurs, et de façon assez irrationnelle, la course aux armements s'est poursuivie malgré la fin de la guerre froide.

13

Le monde occidental est en danger

Le monde occidental, s'il domine encore le monde, est de plus en plus contesté par les puissances asiatiques et islamiques. Le monde « blanc », dont la démographie est en berne, risque d'être submergé.

L'Europe a dominé le monde du XVe siècle jusqu'au début du XXe siècle. Les États-Unis ont ensuite pris le relais et ont supporté assez facilement la concurrence de l'Union soviétique qui n'a fait jeu égal avec eux qu'au cours d'une brève période, de la fin des années 1960 au début des années 1980. Pourtant, une partie des Occidentaux craignent que leur puissance ne soit remise en cause.

Il faudrait tout d'abord s'entendre sur la définition de « monde occidental ». S'agit-il, au sens strict du terme, seulement des Européens, des Américains et des Canadiens ? S'agit-il de tout le monde « blanc », auquel cas il faut ajouter l'Australie, la Nouvelle-Zélande ? Ou du monde développé industriel, en intégrant le Japon, la Corée du Sud, Taiwan, etc. ? On voit que la définition de l'Occident peut varier ; celle de la menace également. Le Japon était vécu comme une menace pour la sécurité économique des Européens et des Américains dans les années 1980 ; il ne l'est plus aujourd'hui. La perception de la menace et de la perte de position de force est alimentée par la pression démographique et migratoire des pays africains et asiatiques, par la pression politique d'une religion en expansion, l'islam, et par la pression économique de deux géants en expansion : l'Inde et la Chine. La position dominante des pays occidentaux paraît évidente : ce sont les pays les plus riches (les États-Unis représentent 21 % du PIB mondial, l'Union européenne 23 %, le Japon plus de 6 %) ils sont les principaux consommateurs des matières premières et d'énergie, leurs monnaies sont celles du commerce international, ils maîtrisent les circuits économiques et possèdent une supériorité militaire.

Mais est-il concevable qu'un sixième de l'humanité puisse durablement utiliser les cinq sixièmes des richesses mondiales ? Un rééquilibrage est inévitable. Dans le cas de la Chine, il pourrait presque s'agir d'un retour à la normale puisque la très forte progression de la Chine ne lui permettrait que de reprendre d'ici la moitié du XXIe siècle la part dans l'économie mondiale qu'elle occupait au début du XIXe siècle ; d'autres grands pays émergents comme l'Inde, le Brésil, l'Afrique du Sud se positionnent comme des puissances au moins au niveau régional, et sont de plus en plus actifs dans les institutions internationales (Organisation mondiale du commerce, par exemple). S'il est légitime pour tout ensemble de vouloir préserver une position dominante, tous les moyens ne sont peut-être pas pertinents. Ainsi, si le monde occidental voulait à tout prix maintenir le rapport de force existant aujourd'hui et était tenté par des solutions de force pour le faire, il s'exposerait à de graves désillusions, et même à des risques certains. Il maintiendra d'autant plus facilement ses positions, ou du moins limitera leur érosion, s'il accepte un certain rééquilibrage dont il pourra tirer parti. Le monde occidental a perdu le monopole de la puissance, qu'il doit partager avec les autres, mais il reste néanmoins extrêmement puissant.

14

Les États-Unis sont en déclin

La guerre d'Irak, ruineuse pour les finances américaines, a complètement isolé diplomatiquement les États-Unis et a montré les limites de leur puissance. L'échec américain fait qu'ils sont moins craints qu'auparavant et qu'ils sont plus haïs de par le monde. Leur déclin est inéluctable.

La guerre d'Irak devait être le triomphe de la domination des États-Unis et la preuve que rien ne pouvait arrêter leur volonté, une fois que leur décision était prise. Passant outre l'avis d'une majorité de gouvernements et des opinions publiques mondiales, ils se sont lancés dans une guerre rapidement gagnée du fait de leur imposante puissance militaire : les opérations militaires de « libération » de l'Irak ont commencé le 18 mars 2003. Le 1er mai de cette même année, le président Bush annonçait la fin des principales opérations de combats. Pourtant, cette rapide victoire militaire s'est avérée être une catastrophe stratégique. En effet, les objectifs recherchés n'ont pas été atteints, qu'il s'agisse de la lutte contre la prolifération des armes de destruction massive, de la guerre contre le terrorisme ou du contrôle par les États-Unis du Proche-Orient. La guerre d'Afghanistan, si elle a bénéficié d'un soutien plus large et d'une base légale, constitue cependant un échec stratégique.

Mais si la guerre d'Irak a montré les limites de la puissance américaine, il serait trop rapide de conclure au déclin des États-Unis. Les déficits commerciaux et budgétaires posent également problème. Pourtant, les ressorts de la puissance américaine sont toujours présents. Les États-Unis ont toujours le premier PNB mondial, et le dollar reste encore la monnaie de référence ; les entreprises américaines sont toujours les plus puissantes et occupent des positions dominantes dans de nombreux domaines, notamment dans les nouvelles technologies (Microsoft, Google, Intel, etc.) ; leurs capacités d'innovation technologique restent déterminantes (les États-Unis occupent la première place en terme de brevets déposés). L'Amérique exerce un effet d'attractivité très fort sur les élites du monde, continue à démontrer des capacités d'intégration tout à fait remarquables et sa culture populaire (cinéma, musique, etc.) a toujours une position dominante dans le monde. Les États-Unis, la société américaine, le mode de vie américain font rêver des millions d'individus ; dans ce sens, les États-Unis exercent encore un pouvoir de persuasion et d'influence (dit « soft power ») en dehors des champs de bataille et des politiques de contrainte (dits « hard power »). L'échec américain est celle d'une tentative hégémonique, mais les États-Unis pourraient tout à fait de nouveau exercer un leadership, à condition de prendre plus en compte l'avis des autres puissances. L'élection de Barack Obama a suscité un nouvel élan de popularité des États-Unis à peu près partout dans le monde. Mais Obama, tout populaire qu'il soit, n'a pas de baguette magique et ne peut effacer tous les problèmes de l'Amérique. Il est par ailleurs bloqué par des considérations de politique intérieure, et son action a relativement déçu. La société américaine demeure populaire et attractive. Reste que ce monde est en voie de multipolarisation, et qu'un seul pays ne peut dominer le monde ou fixer seul l'agenda et les règles internationales. Les États-Unis ne sont pas en déclin, mais de nombreuses puissances émergentes se développent plus vite qu'eux.

15

La France ne compte plus à l'échelle internationale

La France vit dans la nostalgie d'une grandeur révolue. Elle a l'illusion de compter encore à l'échelle internationale, alors qu'elle est en déclin constant et incapable de résoudre les grands défis mondiaux.

La thèse du déclin de la France est le fruit d'une comparaison historique inappropriée et d'une erreur sur l'appréciation de la puissance à l'ère contemporaine. Il est de bon ton de dire que la France n'a plus la place qui était la sienne du temps de Louis XIV ou de Napoléon. Encore faudrait-il choisir la période, Austerlitz ou Waterloo ? Le roi Soleil ou une fin de règne chaotique ? Certes, le temps où la France était la première puissance européenne au sein d'un continent qui dominait le monde est révolu. Mais à comparer avec d'autres périodes de l'histoire (Sedan, la saignée de la Première Guerre mondiale, Vichy, Diên Biên Phu), la France a encore de solides arguments à faire valoir.

L'erreur porte sur la notion de puissance. Celle-ci ne peut plus se résumer au pouvoir de contraindre l'autre à agir ou au pouvoir qu'un pays aurait d'imposer ses décisions aux autres. Si d'ailleurs tel était le cas, même l'hyperpuissance américaine ne pourrait être jugée comme remplissant ces critères. Si l'on fait une typologie de la puissance, on constatera qu'à côté des États-Unis qui dépassent de la tête et des épaules les autres États, il y a entre une demi-douzaine et une dizaine de pays que l'on peut qualifier de puissances mondiales, car ils ont vocation à s'exprimer sur une gamme étendue, voire générale, de sujets. Ces puissances ne peuvent emporter seules la décision sur aucun sujet, mais elles contribuent par leurs actions à les façonner. La France fait partie de ce club restreint. D'abord, pour des raisons objectives : elle a le sixième PNB mondial, est membre permanent du Conseil de sécurité de l'ONU, est membre fondateur de l'Union européenne, fait partie du G8, du G20 et de l'OMC, possède l'arme nucléaire, et son territoire s'étend de l'Europe aux Caraïbes, en passant par l'Océanie. Mais si le monde porte une attention particulière à ce que peut faire la France sur la scène internationale, c'est qu'elle semble véhiculer des valeurs à vocation universelle. Certes, l'affirmation de la spécificité française peut parfois irriter. Mais elle est souvent interprétée comme étant celle d'un pays voulant défendre des causes qui dépassent son seul intérêt national. Elle est encore créditée d'une capacité à penser de façon globale.

Aucun pays, pas plus la France qu'une autre nation, ne peut prétendre aujourd'hui résoudre seul des problèmes internationaux. Mais la France est encore un pays qui compte à l'échelle internationale, c'est du moins ce que pense le monde extérieur, qu'il le déplore ou qu'il s'en réjouisse. Elle est encore créditée à l'extérieur d'une capacité à penser de façon globale. Certes l'émergence des autres puissances provoque nécessairement un déclin relatif à la France. Elle diffusera d'autant mieux son message spécifique qu'elle agira de façon multilatérale et qu'elle se débarrassera de certaines attitudes arrogantes qui lui ont joué des tours par le passé. Ses responsables doivent éviter le double piège de l'autodénigrement (la France ne pèse plus rien, elle doit abandonner toute velléité d'indépendance) ou de l'exaltation (la France peut guider le monde). Elle doit aussi maintenir une politique internationale spécifique, dans la ligne du « gaullo-mitterrandisme », si elle veut conserver une certaine attractivité.

16

L'Afrique est le continent perdant de la mondialisation

Déchirée par des guerres civiles sans fin, minée par la corruption, dévastée par le sida, il n'est question de l'Afrique qu'en termes dramatiques. Contrairement à l'Asie, elle n'a pas su décoller économiquement. Depuis les indépendances, tous les modèles (socialistes, occidentaux) ont échoué.

Les raisons de l'afro-pessimisme étaient nombreuses au début du siècle. Avec 12 % de la population mondiale, l'Afrique représentait 1 % du PIB mondial et 2 % du commerce international au début du XXIe siècle. Elle concentrait plus de 70 % des décès dus au sida et deux tiers des malades du VIH au niveau mondial en 2006. Paradoxalement, la fin de la guerre froide, qui faisait de l'Afrique un enjeu de la compétition Est/Ouest, n'est pas venue servir les intérêts de l'Afrique. Alors qu'on dénonçait la volonté de contrôle des superpuissances dans les années 1970 et 1980, on s'est aperçu dans les années 1990 qu'il pouvait y avoir pire : que l'Afrique soit délaissée.

Mais il reste de bonnes raisons pour un afro-optimisme. Tout d'abord, malgré les difficultés, le continent connaît une croissance économique globale et peut être considéré comme une « réserve de développement ». De nombreux pays bénéficient d'une démocratie bien installée, confortée par des alternances politiques (Ghana, Sénégal, Botswana). Les élections, autrefois sans enjeux, sont devenues, dans la plupart des pays, le véritable moyen de désigner les gouverneurs et de ce fait peuvent donner lieu à des tensions ou des crises (Mali, Côte d'Ivoire, Kenya). L'économie de marché se développe, et l'Afrique est de nouveau l'objet d'intérêt de nombreuses puissances extérieures, non seulement des anciennes puissances coloniales (dont la France), mais également des États-Unis (même si c'est principalement sous l'angle du facteur pétrolier et de la lutte antiterroriste). La Chine et le Japon sont également très actifs en Afrique, ainsi que l'Inde et le Brésil. La redécouverte du continent par les pays riches et émergents vient du fait que sur de nombreux enjeux de la globalisation – matières premières, lutte contre les pandémies, immigration de masse, protection de l'environnement –, l'Afrique redevient un enjeu central. Malgré la présence d'États faillis sur le continent (Somalie, Zimbabwe, République Démocratique du Congo), l'Afrique connaît, depuis le début du siècle, une croissance économique globale de 5 % par an. Dépourvu de téléphones fixes, le continent est passé directement à l'ère du mobile avec plus de 600 millions d'utilisateurs.

Bien sûr, la route est encore longue : l'Afrique doit relever le défi de la jeunesse (éducation, santé, accès à l'emploi), de la bonne gouvernance et de la mise en place de structures étatiques plus solides.

17

Le monde est unipolaire

La puissance américaine est sans égale : aucune autre puissance ne peut se comparer à elle. Les États-Unis dominent le monde comme aucun autre pays ne l'a fait avant eux dans l'histoire.

Il n'y a effectivement aucune puissance qui puisse égaler celle des États-Unis. Ces derniers n'ont plus de rivaux à leur taille, comme du temps de la compétition américano-soviétique. Il manque à l'Europe l'unité et la puissance stratégique. Le Japon ne représente que le tiers du PNB américain et dépend lourdement de Washington pour sa protection. La Chine est relativement isolée et loin derrière les États-Unis aussi bien en termes de richesse que d'attractivité de sa société. La Russie, si elle a mis fin au déclin qui était le sien au cours des années 1990, est loin d'avoir retrouvé ce que fut la puissance soviétique

Lorsque l'on prend en considération les principaux critères de la puissance (économique, stratégique, culturelle au sens large et technologique), les États-Unis arrivent en tête, dans chacun d'entre eux et très certainement lorsque les quatre sont réunis : les États-Unis pèsent plus de 14 500 milliards de dollars et ont le premier PNB au monde, la Chine étant encore derrière malgré son formidable développement ; ils ont une population de 310 millions de personnes, ce qui leur assure un marché intérieur conséquent. Ils sont l'un des rares pays occidentaux à prévoir une croissance démographique (liée largement à l'immigration). Ils dépensent chaque année pour leur défense dix fois plus que la France, déposent près de la moitié des brevets mondiaux, produisent cinq cents films de cinéma par an. La relation bilatérale la plus importante pour chaque pays, qu'il ait ou non de bonnes relations, est celle établie avec Washington.

Pour autant, le monde n'est pas unipolaire, tout simplement parce que dans un monde globalisé un pays seul ne peut prétendre régir la planète. S'il fallait un exemple entre cent pour le démontrer, les guerres d'Irak et d'Afghanistan suffiraient à le prouver. Dans un monde qui serait réellement unipolaire, l'hyperpuissance américaine n'aurait aucune difficulté à gérer un pays de vingt-cinq millions d'habitants, ruiné par trois décennies de dictature, douze ans d'embargo et trois guerres majeures. Dans un monde qui serait réellement unipolaire, les États-Unis seraient parvenus à imposer aux Israéliens et aux Palestiniens une paix qui ne mettrait pas en contradiction l'alliance stratégique de Washington avec Israël et les besoins qu'ils ont de développer les relations avec les pays arabes. Dans un monde qui serait réellement unipolaire, les États-Unis n'auraient aucun mal à rappeler à l'ordre l'ensemble des pays, petits ou grands, qui de façon virulente ou modérée contestent leur suprématie. L'Iran aurait arrêté son programme nucléaire et la Chine aurait réhaussé le niveau de sa monnaie.

La globalisation, la multiplication et la diversification des acteurs internationaux, l'ampleur des défis mondiaux à relever fait que l'unipolarité est tout simplement impossible. Le monde n'est pas multipolaire, du fait de la prééminence américaine. Il n'est pas non plus unipolaire, du fait de la globalisation. Barack Obama a décrit cette situation en déclarant que sans les États-Unis aucun problème ne peut être résolu mais que seuls, les États-Unis ne peuvent résoudre aucun problème global.

18

La Chine va dominer le monde

La Chine connaît une croissance constante comprise entre 7 et 10 % par an depuis près de trente ans et aurait le troisième PNB mondial. Rien ne peut l'arrêter ; elle dépassera les États-Unis d'ici une génération. La nature de son système politique la conduira à vouloir soumettre les autres nations et dominer le monde.

Au début du xve siècle, la flotte impériale chinoise de l'amiral Zheng He était la plus puissante du monde par le nombre de ses navires et de ses marins, et par la modernité de ses technologies (gouvernail d'étambot, boussole, cartes maritimes, etc.) qui lui permettaient de naviguer en haute mer. Cette flotte parcourut le monde, allant jusqu'aux côtes africaines et peut-être plus loin. Mais ces expéditions d'exploration ne débouchèrent pas sur des conquêtes coloniales. Un changement de la politique impériale entraîna le repli de la Chine sur elle-même, la destruction de la flotte et des plans des navires. Deux générations plus tard, Espagnols et Portugais traversaient les mers, entamant la domination européenne sur le monde.
Les Chinois utilisent cet épisode historique comme preuve de leur absence de volonté de conquête. Le but des dirigeants chinois serait simplement de retrouver l'unité du pays mis à mal par les puissances européennes avec la signature des traités inégaux au xixe siècle. Après le retour

de Hong Kong et de Macao, les appétits territoriaux de la Chine se limiteraient à la réintégration de Taiwan. Du point de vue économique également, la Chine ne ferait que retrouver la place qui fut la sienne au XIXe siècle, époque durant laquelle elle représentait à elle seule 30 % de l'économie mondiale, il est vrai dans un monde non globalisé. Au-delà des intentions, certains éléments objectifs pourraient venir limiter la possibilité pour la Chine de dominer le monde. Tout d'abord, il est difficile de maintenir durablement des courbes de croissance économiques aussi fortes. La Chine ne serait-elle pas finalement dans la même position que le Japon à la fin des années 1980 ? La montée en puissance japonaise paraissait irrésistible, mais a été finalement gravement affectée par l'éclatement de la bulle spéculative. Pour de nombreux économistes, la Chine est aujourd'hui sous la menace de l'éclatement d'une telle bulle. D'autres estiment que le déséquilibre entre les régions riches et les régions pauvres est un problème, et que l'unité du pays pourrait en être affectée, les riches régions côtières ne voulant pas éternellement supporter le coût de la solidarité avec les régions les plus démunies. La Chine pourra-t-elle enfin être longtemps à l'abri des revendications politiques et sociales ? Sera-t-il longtemps possible pour le parti communiste chinois, tout en s'adaptant à l'économie de marché, d'accaparer la totalité du pouvoir ? Comment la Chine va-t-elle affronter le vieillissement de sa population et les dépenses sociales qu'il induit ? Comment faire face à l'immense défi de la lutte contre la pollution ?

Autant d'inconnues qui permettent d'affaiblir la thèse d'une domination mondiale de la Chine. D'ailleurs, on peut tout simplement se demander s'il est possible pour un seul pays – quelles que soient sa taille et sa démographie – de dominer le monde. Certes, en plus d'être une puissance régionale, la Chine comptera de plus en plus sur la scène internationale : elle a un siège de membre permanent au Conseil de sécurité de l'ONU, est membre de l'Organisation mondiale du commerce depuis 2001 et participe de plain-pied au G20 qui se substitue au G8. Elle est également très active sur les autres continents, économiquement et diplomatiquement (en Afrique, par exemple). Elle n'aura pas pour autant les pleins pouvoirs.

19

L'ONU ne sert à rien

L'Organisation des Nations unies (ONU) est impuissante à arrêter les guerres. Le droit de veto de ses membres permanents paralyse le Conseil de sécurité, et les nombreuses dictatures qui la composent empêchent toute avancée pour ce qui est de la promotion de la démocratie ou des droits de l'homme.

Reprocher à l'ONU son impuissance revient en fait à la rendre responsable de l'état du monde. Selon sa charte, l'ONU a trois missions principales : paix et sécurité collective, progrès social et développement économique, protection des droits de l'homme et des libertés fondamentales. Certes, le bilan est pour le moins contrasté ; beaucoup reste à faire et l'ONU apparaît souvent comme une bureaucratie lourde et impuissante. La lourdeur est cependant relative, le budget ordinaire de l'ONU (hors missions de maintien de la paix) ne s'élève qu'à 1,3 milliard de dollars, plus 3,4 milliards pour les opérations de maintien de la paix, le budget total du système onusien (avec l'ensemble des institutions) étant de douze milliards.

Ce n'est pas tant l'ONU qui est en cause que l'état et les divisions de la société internationale. Très souvent, l'organisation mondiale est bloquée par les désaccords entre les cinq membres permanents du Conseil de sécurité (États-Unis, Russie, Chine, Royaume-Uni et France).

Pour que le système mis en place par la Charte puisse fonctionner, il faudrait que l'alliance des vainqueurs de la Seconde Guerre mondiale ait survécu à la fin de cette dernière. Tel ne fut pas le cas : très vite les divisions liées à la guerre froide l'ont emporté. L'existence du droit de veto est venue protéger leurs alliés. Mais il serait également inexact d'attribuer à l'existence du droit de veto l'échec du système. Il est la condition même de l'appartenance des différentes puissances à un système collectif.

À la fin de la guerre froide, lorsque l'Irak a envahi le Koweït en 1990, pour la première fois dans l'histoire, le système de sécurité collective a pu fonctionner comme prévu par la Charte. Le Conseil de sécurité a adressé un ultimatum à l'Irak afin qu'il retire ses troupes du Koweït. Le non-respect de cet ultimatum a autorisé pour la première fois une action militaire de façon légale, selon les modalités prévues par la Charte, d'où les espoirs d'un « nouvel ordre mondial » célébré par le président George Bush père, alors président des États-Unis. Mais très rapidement, les logiques de rivalités nationales ont repris le dessus. Cependant, il est faux d'affirmer qu'il est impossible de trouver un accord au Conseil de sécurité entre Occidentaux, Russes et Chinois. Cela arrive, y compris sur des sujets sensibles comme le programme nucléaire iranien. La résolution 1973 a été adoptée pour mettre en place « la responsabilité de protéger » pour la population libyenne. Les abstentions russes et chinoises ont permis son adoption. La transformation de la mission en cobelligérance de l'OTAN auprès des insurgés libyens rendra cependant difficile son évocation future.

L'ONU compte cependant des succès importants comme le démantèlement de l'apartheid en Afrique du

Sud ou la restauration d'un État de droit au Cambodge. Il faut surtout prendre conscience que sans ce lien unique entre tous les pays, les conflits et inégalités seraient encore plus nombreux. Enfin, pour faire un bilan honnête de l'ONU, il faut prendre en compte l'action de l'ensemble des institutions spécialisées dont l'Organisation mondiale de la santé (OMS), le Haut-commissariat aux réfugiés (HCR), l'Unicef et l'Unesco…

20

Le choc des civilisations est inévitable

Entre le monde occidental, dominant mais en recul, et le monde musulman, dominé mais en expansion, l'affrontement est inévitable. Leurs valeurs sont par nature irréconciliables. De l'Afghanistan à la guerre d'Irak, en passant par les attentats du 11 septembre, l'actualité démontre au quotidien la justesse de cette thèse.

Le « choc des civilisations » est une thèse qui fait grand bruit depuis une vingtaine d'années. Développée en 1993, après l'effondrement soviétique, par Samuel Huntington, un universitaire américain, elle a été largement reprise, commentée et contestée après les attentats du 11 septembre 2001. Selon Huntington, les guerres allaient changer de nature. Elles avaient auparavant opposé rois et princes. Après la Révolution française, ce furent des nations toutes entières qui s'affrontèrent. Au XXe siècle, les idéologies (nazisme, communisme, capitalisme démocratique) prirent le relais. Depuis la chute du mur de Berlin, les guerres opposent les aires culturelles et les civilisations. Huntington évoquait surtout la lutte entre la civilisation musulmane, dominée mais en expansion, et la civilisation occidentale, dominante mais en recul.

Il ajoutait que les frontières de l'islam étaient sanglantes car la civilisation musulmane utilisait plus souvent que les autres civilisations le conflit comme moyen politique et que ceux auxquels elle participait étaient plus violents que les autres.

Difficile de voir pourtant la responsabilité de l'islam dans les deux guerres mondiales, dans le goulag soviétique ou chinois. Un des exemples sur lesquels s'appuyait Huntington – la guerre du Golfe de 1990-1991 – montrait d'ailleurs au contraire que de nombreux pays arabes (à majorité musulmane) avaient participé aux côtés des États-Unis (pays majoritairement chrétien) à une guerre contre l'Irak (pays également à majorité musulmane). Il est vrai néanmoins que la problématique des relations entre le monde occidental et le monde musulman a pris une importance fondamentale. Par exemple, le conflit du Proche-Orient, qui pouvait dans les années 1970 être jugé comme un conflit régional parmi d'autres, occupe désormais une place stratégique centrale.

Les civilisations ne sont pas monolithiques. Mais surtout, Huntington commet l'erreur de penser que l'histoire est écrite à l'avance et que ces deux civilisations vont nécessairement se faire la guerre. Rien n'est automatique, tout dépendra des décisions politiques qui seront prises par les dirigeants et les peuples. Musulmans et Occidentaux peuvent très bien vivre en bonne entente, mais une succession de décisions politiques négatives pourrait également accentuer la possibilité d'un affrontement. Ce serait une erreur de penser que la guerre des civilisations est inéluctable. Cela en serait une autre de croire qu'elle ne surviendra jamais.

21

C'est le retour à la guerre froide

Le retour de la guerre froide qui opposerait la Russie aux États-Unis est régulièrement évoqué lorsque ces deux pays ont un différend grave sur une question stratégique. Il y aurait en effet, comme au bon vieux temps, une opposition frontale entre Moscou et Washington. Mais cette présentation repose plus sur une reproduction légèrement paresseuse des schémas passés plus que d'une analyse des réalités stratégiques.

Il y a régulièrement un bras de fer entre la Russie et États-Unis (affaires Snowden, Syrie, Iran…). Nous ne sommes pas pour autant dans un climat de guerre froide. Tout d'abord parce que le monde n'est plus bipolaire. Tout ne se résume pas à un affrontement entre les deux capitales. Les membres du G20 ne sont ni des alliés alignés l'un sur l'autre, ni des spectateurs passifs et muets. La Russie n'est plus le pays faible et titubant des années 1990, Poutine qui la dirige d'une main de fer fait entendre sa voix et s'oppose à Washington mais il n'est plus à la tête d'une alliance mondiale contrôlant la moitié de l'Europe et ayant des bases et des alliances en Afrique, en Asie et dans les Caraïbes. Il n'y a plus de système idéologique à vocation mondiale qui cherche à s'exporter et à gagner du terrain sur l'autre. Nous sommes dans le cas de rivalités nationales de conception de l'intérêt national qui divergent profondément et qui se frottent et s'affrontent, mais on revient à une situation classique de géopolitique et non pas la configuration du monde bipolaire, disparue il y a plus de 20 ans. Il n'y a plus la perspective menaçante d'une ascension aux extrêmes qui se termine par un affrontement nucléaire généralisé.

Parler de guerre froide relève d'ailleurs d'une vision occidentalo-centrée. On ne parle pas de guerre froide dans les pays émergents, ce sont les Occidentaux qui pensaient justement après le démantèlement de l'empire soviétique que plus rien ne s'opposerait à leurs puissances qui sont déstabilisées par l'apparition de pouvoirs qui contestent leur point de vue. Ce sont plutôt certains dirigeants, experts occidentaux, qui ont une vision de la guerre froide confondant Poutine avec Staline, la Russie avec l'URSS, poussant à la constitution d'un système de défense antimissiles qui rappelle le débat sur les missiles balistiques des années 1960 ou la guerre des étoiles des années 1980.

Poutine va certainement essayer de passer des alliances tactiques avec certains pays émergents aussi réticents pour des raisons historiques aux interventions militaires extérieures surtout si elles sont décidées en dehors du Conseil de sécurité de l'ONU et surtout s'elles sont menées par les États-Unis.

Le fait que la Grande-Bretagne et l'Allemagne ne soient pas alignées sur les positions américaines dans l'affaire syrienne qui oppose le plus gravement Moscou et Washington montre bien que la guerre froide est révolue. Elles n'auraient pas pu adopter ce type de position à l'époque.

Certes, il y a des pays, Russie en tête, qui s'opposent frontalement aux États-Unis, mais nous sommes dans une logique de positionnement multiforme, pas de logique de blocs, de rivalités entre États, pas de guerre froide.

22

Il y a de plus en plus de guerres

Syrie, Afghanistan, Irak, République démocratique du Congo, etc. à lire la presse on a le sentiment qu'il y a de plus en plus de guerres et qu'elles font de plus en plus de victimes. Impression étouffante selon laquelle plus de deux décennies après la fin de la guerre froide, la paix n'est toujours pas au rendez-vous, contrairement aux espoirs de l'époque où l'on célébrait « un nouvel ordre mondial ».

S'il n'y a plus une grille de lecture Est-Ouest, l'actualité quotidienne apporte néanmoins son lot de morts. Il ne se passe pas de jours où nous n'avons l'écho de conflits qui ensanglantent la planète. En réalité, le nombre de conflits diminue et le nombre de victimes que chacun d'entre eux fait diminue également. Il y a un écart entre la réalité et la perception. La guerre est de plus en plus insupportable, c'est pour cela que les opinions se révulsent bien plus qu'avant contre elle. Avant la guerre était vue comme un malheur stratégique qui faisait partie du paysage. Aujourd'hui, elle parait inadmissible aux opinions dont le poids est de plus en plus déterminant dans la décision politique. Et lorsque l'on regarde avec attention la réalité, on voit que celle-ci pour désagréable qu'elle soit, l'est moins qu'il y a quelques années, il y a des progrès.

Certes, il y a toujours une trentaine de conflits ou de crises dans le monde. Certains semblent ne jamais devoir s'éteindre, d'autres changent de sens. L'Afghanistan l'a fait à plusieurs reprises depuis 1979. Certains s'éteignent, d'autres renaissent. Au global, ils sont en diminution.

Si on se base sur les données compilées produites par le Uppsala Conflict Data Program et le Peace research institute d'Oslo ou du Stockolm international peace and research institute (SIPRI), on s'aperçoit que la violence armée décroît globalement au niveau planétaire.

Il y a une trentaine de conflits armés dans le monde, définis comme « des combats prolongés entre les forces militaires de deux gouvernements ou plus, ou contre un gouvernement et au moins un groupe armé organisé ». Il est défini comme majeur s'il fait annuellement plus de 1000 morts au combat. Il n'y a plus aujourd'hui que six conflits de ce type qui sont en cours : Afghanistan, Pakistan, Irak, Syrie, République démocratique du Congo et Somalie, auxquels on peut ajouter pour 2013, l'Égypte. Un conflit est considéré comme mineur s'il fait entre 25 et 999 morts au combat dans l'année. Il y a une trentaine de ces « petites » guerres qui se déroulent.

Les conflits armés majeurs ont chuté de plus de moitié ; ils étaient treize en 1991, ils sont six aujourd'hui. Les conflits armés mineurs ont diminué de 40 % en passant de 51 en 1991 à 31 de nos jours, ils sont concentrés en Afrique subsaharienne, en Asie centrale et du Sud.

Contrairement à une autre idée reçue, les efforts de l'ONU sont plutôt efficaces depuis la fin de la guerre froide. Les accords de paix sont plus respectés qu'auparavant.

Les opinions ont raison d'être choquées et scandalisées par les guerres et leur lot d'atrocités. Mais elles auraient tort de se décourager en concluant qu'il en sera toujours ainsi et qu'on y peut malheureusement rien. Car c'est bien les pressions et mobilisations populaires qui expliquent cette diminution tendancielle. Le prix à payer pour une politique belliqueuse est plus élevé qu'avant.

23

Les démocraties ne font pas la guerre

Dans un système démocratique, ce sont les peuples qui ont le pouvoir de décision. Étant les premiers à souffrir des effets des conflits, ils ne souhaitent pas faire la guerre. Les dictateurs, au contraire, peuvent facilement entraîner leurs populations, qui n'ont pas voix au chapitre, dans des guerres dont elles sont les premières victimes.

Au début des années 1990, après la chute du mur de Berlin et le démantèlement de l'empire soviétique, la théorie de la paix démocratique allait connaître une nouvelle vigueur. La menace soviétique et la désignation du bloc communiste comme l'agresseur potentiel avaient façonné les consciences occidentales tout au long de la guerre froide et étaient venues renforcer le lien entre la nature non démocratique des sociétés de l'Est et leur caractère belliqueux. À l'inverse, le monde occidental était présenté comme de nature pacifique garantissant les libertés pour ses citoyens, renforçant la thèse de la paix démocratique. *A contrario*, les pays d'Europe occidentale, qui au cours des siècles passés s'étaient affrontés sans fin allant jusqu'à déclencher deux conflits mondiaux, étaient entrés depuis 1945 dans une période de paix (sur leur territoire métropolitain) confortée par l'instauration de la future Union européenne (signature en 1957 du traité de Rome), organisation uniquement ouverte aux démocraties. La guerre était devenue impensable entre les membres de la Communauté européenne, pourtant ennemis d'hier. Le développement du système démocratique dans le monde constituait la meilleure solution pour mettre fin au risque de guerre. Le président américain Bill Clinton (1993-2001) allait faire de la paix démocratique l'un des axes majeurs de sa politique étrangère. Selon lui, soutenir la démocratie était dans l'intérêt national américain, car les États-Unis avaient intérêt à un monde pacifique où leurs valeurs libérales seraient mieux respectées. Mais cette théorie va être battue en brèche. Si un système démocratique est évidemment préférable pour la population, pour autant démocratie ne rime pas forcément avec paix, pas plus que dictature avec guerre (le général Pinochet, le dictateur chilien, ne s'est jamais lancé dans une guerre). En revanche, les États-Unis, puissance démocratique par excellence, se sont régulièrement lancés dans des aventures militaires pour défendre leurs valeurs ou leurs intérêts. Israël, qui se présente comme la seule démocratie du Proche-Orient, a pris l'initiative, à de nombreuses reprises, de déclencher des conflits dans la région, y compris contre la démocratie libanaise en 2006. De même, ce fut l'Inde démocratique qui attaqua le Pakistan en 1971. Plus récemment, au nom de la protection des droits humains, les démocraties n'ont pas hésité à se lancer dans des guerres, y compris de grande ampleur. En 1999, les pays de l'OTAN (tous des régimes démocratiques) ont attaqué la Serbie, sans mandat de l'ONU et sans être en état de légitime défense, pour protéger la population du Kosovo. Si les États-Unis ont pu invoquer la légitime défense pour attaquer l'Afghanistan (le régime taliban abritant Oussama Ben Laden et des camps d'entraînement d'Al-Qaïda, instigateur des attentats du 11 septembre sur le sol américain), ils seraient bien en peine de faire de même (ou invoquer un feu vert de l'ONU) pour justifier la guerre d'Irak en 2003. En Libye, la résolution 1973, qui permettait une intervention militaire destinée à mettre en œuvre la « responsabilité de protéger » la population, a été modifiée en cours de mission par la France et la Grande-Bretagne afin de parvenir à un changement de régime.

24

Il y aura une guerre Chine/États-Unis

La montée en puissance de la Chine met en danger la suprématie américaine. La menace chinoise a remplacé la menace soviétique, l'affrontement entre la puissance dominante (les États-Unis) et la puissance montante (la Chine), dont les systèmes politiques sont par ailleurs antagonistes, est inéluctable.

Cette affirmation sous-entend que la Chine va remplacer l'Union soviétique comme partenaire/adversaire des États-Unis. Les États-Unis se sont longtemps demandés si la Chine était un partenaire ou un rival stratégique. La montée en puissance de la Chine est incontestable : avec une croissance de 10 % par an, son PNB est déjà au deuxième rang mondial, derrière ceux des États-Unis. Selon certaines projections, son PNB pourrait dépasser le PNB américain d'ici 10 ou 15 ans. Mais vu de Washington, ce n'est pas tellement à l'Union soviétique de la guerre froide que l'on pourrait comparer la Chine d'aujourd'hui, mais plutôt au Japon des années 1980. Contrairement à l'Union soviétique, la Chine ne conteste pas l'ordre mondial, ni même le système américain. Elle veut simplement s'intégrer et prendre la meilleure place possible. Elle s'accommode parfaitement d'un capitalisme (américain) qui sert ses propres intérêts et a d'ailleurs adhéré à l'Organisation mondiale du commerce (OMC) en 2001. Le « danger » chinois est plus dans la compétition commerciale et économique que livre Pékin à Washington que dans la rivalité entre deux systèmes antagonistes. Il s'agit plus de rivalités nationales classiques que de la recherche d'une hégémonie passant par la destruction d'un système antagoniste. Certes, la Chine se distingue de la position américaine sur de nombreux sujets diplomatiques. Mais elle n'a pas réagi de façon très virulente après la destruction de son ambassade à Belgrade par un missile américain lors de la guerre du Kosovo de 1999. De même, la Chine s'est très modérément opposée à la guerre d'Irak, et l'a fait avec moins de vigueur que la France, l'Allemagne ou la Russie. Pour les Chinois, le maintien du marché américain, qui leur permet d'engranger un excédent commercial important et de stimuler l'appareil productif national, est primordial. On peut même dire que du point de vue économique, Chinois et Américains ont en fait partie liée. Les trois quarts des 1 200 milliards de dollars de réserves de change chinoises sont réinvestis aux États-Unis, ce qui permet d'éviter une chute du cours du dollar. Cependant, la Chine n'hésite plus, depuis 2009, à remettre en cause le rôle du dollar comme monnaie internationale. Depuis 2006, des officiels chinois et américains se rencontrent tous les six mois pour un « dialogue économique stratégique » qui doit permettre de résoudre les distorsions économiques entre les États-Unis et leur second partenaire commercial (après le Canada). Les principales demandes américaines portent sur la réduction des excédents commerciaux chinois, une réévaluation du yuan, et une protection accrue, sur le marché chinois, de la propriété intellectuelle.

À l'inverse de cette idée reçue, certains évoquent un « G2 » qui verrait Pékin et Washington en charge des affaires mondiales, une sorte de condominium sino-américain… cela n'a pas de sens. En fait, États-Unis et Chine sont parfois partenaires, parfois rivaux.

25

La guerre d'Irak a été faite pour le pétrole

Les justifications mises en avant par les États-Unis pour entraîner une coalition d'États à entrer en guerre contre l'Irak se sont avérées fausses (recherche d'armes de destruction massives), contre-productives (lutte contre le terrorisme) ou difficile à réaliser (instauration de la démocratie en Irak). Les États-Unis, qui sont fortement dépendants du pétrole du Proche-Orient, ont toujours eu une « diplomatie pétrolière », cela étant encore plus vrai avec l'élection du Texan George W. Bush à la présidence.

Très grands consommateurs d'énergie pour leur croissance, les États-Unis ont toujours veillé à la sécurité de leurs approvisionnements pétroliers. Cette dépendance à l'égard des ressources pétrolières extérieures s'est accrue régulièrement depuis la fin de la Seconde Guerre mondiale. La guerre contre l'Irak est survenue au moment où, après le 11 septembre 2001, les États-Unis commençaient à douter de la solidité de leur alliance avec l'Arabie Saoudite, pays qui détient 10 % des réserves mondiales de pétrole. En 1945, le président Roosevelt avait signé avec le roi d'Arabie Saoudite le pacte du Quincy (du nom du navire de guerre sur lequel il avait été conclu). Les États-Unis s'engageaient à maintenir la stabilité du régime en échange de la garantie de la fourniture d'un pétrole abondant et bon marché. Cet accord a été scrupuleusement respecté par la suite. Riyad a toujours accepté d'augmenter sa production lorsque cela était nécessaire pour faire baisser le cours du pétrole, allant parfois à l'encontre de son strict intérêt économique. En cas de difficultés avec l'Arabie Saoudite (soit parce que le régime aurait pris ses distances avec Washington pour faire diminuer la pression de ceux qui sont hostiles aux États-Unis, soit parce qu'il aurait été renversé), les États-Unis pourraient donc trouver dans l'Irak un substitut. On a remarqué que le jour où l'armée américaine est entrée à Bagdad, elle a protégé un seul bâtiment : le ministère du Pétrole. En revanche, les hôpitaux publics et le musée de Bagdad qui comportait des trésors inestimables ont été laissés à l'abandon et livrés aux pillages. De plus, l'intérêt personnel que portent aux affaires pétrolières des membres imminents de l'administration Bush est bien connu : la famille Bush a fait fortune dans le pétrole – George W. compris –, Dick Cheney était à la direction de la firme Halliburton et Condoleezza Rice au conseil d'administration de Chevron. Mais si l'accès au pétrole irakien ne peut être totalement écarté de la décision de recourir à la guerre, cette motivation ne fut pas la principale. À la seule aune de l'intérêt pétrolier, il aurait été beaucoup plus simple et efficace de relancer une coopération et d'établir une nouvelle relation avec Saddam Hussein. Celui-ci aurait très probablement accepté de livrer autant de pétrole que nécessaire aux Américains en échange de la fin des sanctions et de l'embargo qui pesait sur son pays. Aujourd'hui encore, la production pétrolière de l'Irak est inférieure à ce qu'elle était avant le déclenchement de la guerre. Ce sont bien des raisons géopolitiques qui ont conduit les Américains à ne pas tenter cette main tenue à Saddam Hussein, la perspective d'un Irak puissant au cœur du Proche-Orient leur étant difficilement acceptable au-delà même du peu de fiabilité qu'ils auraient pu accorder aux engagements de Saddam Hussein. Notons que l'exploitation du gaz de schiste aux États-Unis devrait leur rendre leur autonomie énergétique.

26

La guerre d'Irak a été faite pour y installer la démocratie

Il n'y avait pas de liberté en Irak ; l'arbitraire le plus absolu y régnait. Les opposants, réels ou supposés, du régime de Saddam Hussein étaient éliminés physiquement. La torture et les mauvais traitements étaient monnaie courante. Les Irakiens vivaient dans la peur.

S'il est indéniable que Saddam Hussein a été un dictateur sanguinaire et que la guerre menée par les États-Unis a mis fin à son régime, il est loin d'être évident que la chute de la dictature fut le réel but de guerre. Tout d'abord, parce que les pays qui ont fait cette guerre (et d'autres qui s'y sont opposés, dont la France) ont eu les relations les plus amicales… et les plus commerciales avec Saddam Hussein jusqu'à la fin des années 1980, alors même que la répression y était la plus féroce. La France a eu une coopération militaire avec l'Irak jusqu'en 1990, et les images de Saddam Hussein accueillant à bras ouverts Donald Rumsfeld, envoyé par le président américain Ronald Reagan en 1983 pendant la guerre Iran-Irak, ont fait le tour du monde… Les mêmes qui ont jugé inacceptable en 2003 le caractère répressif du régime de Saddam Hussein s'en accommodaient parfaitement vingt ans plus tôt. D'autres dictatures, tout aussi sévères, n'ont pas eu à subir les foudres de ceux qui ont renversé Saddam Hussein, qu'il s'agisse de dictatures d'Asie centrale ou de la Corée du Nord dont la population subit à la fois un régime répressif et une famine chronique.

L'argument de l'instauration de la démocratie en Irak a été avancé par les États-Unis, une fois que celui sur la présence d'armes de destruction massive en Irak commençait à être remis en cause. Le renversement de la dictature a donc plus été une légitimation d'une action décidée pour d'autres raisons, notamment géopolitiques, que la véritable motivation de la guerre. Assez habilement, les États-Unis ont tenté de diminuer l'impopularité de la guerre contre l'Irak en opposant une justification politique positive – la fin d'une dictature – pour contrer l'opposition portée par un autre principe, le non-recours à la guerre.

27

La guerre en Libye marque la fin de la *realpolitik*

Alors que pendant longtemps les régimes occidentaux et la France ont fermé les yeux sur la nature répressive de nombreux régimes arabes, du fait de leurs intérêts économiques ou stratégiques, la guerre de Libye marque une rupture. Face à Kadhafi qui menaçait de massacrer la population de Benghazi manifestant contre son régime, les pays occidentaux, sous l'impulsion de la France et de la Grande-Bretagne sont intervenus militairement. Ils ont fait le choix de se mettre aux côtés de la population contre leur gouvernement.

Le cas libyen est cependant plus une exception qu'un précédent. La résolution 1973 a en effet été adoptée par le Conseil de sécurité des Nations unies grâce à l'abstention de la Russie et de la Chine. Elle prévoyait d'appliquer le concept de « responsabilité de protéger » en empêchant le bain de sang promis par Kadhafi sur Benghazi. Très rapidement, on s'est écarté de ce principe pour faire mener une forme de cobelligérance aux côtés des insurgés. Le régime de Kadhafi, multipliant les provocations, s'est trouvé complètement isolé des pays arabes certes, mais aussi du reste du monde. Chinois et Russes n'ont dès lors protesté que modérément par rapport à ce changement de mission. La France comme la Grande-Bretagne ont aussi cherché à effacer leur tardive prise de conscience des révolutions arabes. Dans le cas précis de la France, on cherchait aussi à effacer les images d'une réception trop fastueuse du même Kadhafi à la fin de l'année 2007, à Paris. Par ailleurs, l'armée libyenne n'était pas considérée comme assez puissante pour poser des difficultés aux pays de l'OTAN, même si l'intervention militaire, limitée dans son ampleur pour éviter toute bavure ou dommages collatéraux, a duré près de six mois.

Dans le même temps, en Syrie, Bachar el-Assad s'est engagé dans une répression de grande ampleur sans craindre une intervention de l'OTAN. Il en a été de même à Bahreïn où, au contraire, la répression a été soutenue par les pays voisins du Golfe. Les pays occidentaux sont restés muets.

L'intervention en Libye montre plutôt le triomphe d'une certaine realpolitik. Certes Kadhafi était instable mais il était avant tout faible militairement et isolé politiquement. Il constituait donc une cible facile. Mais les puissances intervenantes en Libye n'ont pas prévu le « jour d'après ». Si le renversement de Kadhafi a été largement apprécié, la Libye est loin d'être stabilisée, le concept de « responsabilité de protéger » a été gravement entamé – ce qui a conduit à un blocage du Conseil de sécurité sur la Syrie – et le Mali a été déséquilibré.

28

Les révolutions arabes ont entrainé un effet domino

À la suite de manifestations, Ben Ali, à la tête de la Tunisie depuis 1987, a quitté le pouvoir le 14 janvier 2011. Le 11 février, en Égypte, c'était au tour d'Hosni Moubarak d'être renversé sous la pression populaire. Dans les deux cas, l'armée a pris le parti de ne pas réprimer, par la force, les manifestations. La chute rapide de ces deux régimes, qui semblaient indéboulonnables et pour lesquels on prévoyait même une succession familiale ou dynastique, a surpris tout le monde. Ils exerçaient en effet un contrôle sévère de l'information, ne laissant que peu d'espace pour la liberté d'expression. Ils bénéficiaient aussi d'un soutien politique et économique des pays occidentaux, tout en ayant de bonnes relations avec les autres puissances. En outre, la conviction que les pays arabes étaient inaptes à la démocratie avait fini par être fortement enracinée. Chacun s'accommodait, notamment au nom de la lutte contre l'islamisme, du caractère répressif de leurs régimes.

Pourtant, les exemples tunisiens et égyptiens ont fait tache d'huile dans de nombreux pays arabes, suscitant des manifestations pour réclamer l'établissement de la démocratie et l'élargissement du champ des libertés. On s'est alors mis à envisager un effet domino renversant tous les pouvoirs en place. Si la chute de Ben Ali avait pu entraîner celle de Moubarak, n'allait-on pas assister à une vague générale emportant toutes les dictatures du monde arabe ? Certains pensaient revivre l'été 1989 où en l'espace de six mois, les démocraties populaires d'Europe de l'Est ont été renversées les unes après les autres, alors que leurs régimes semblaient immuables.

Cette comparaison a rapidement trouvé ses limites. Au-delà des différences nationales, l'ensemble des régimes Est-européens tenait par un ciment commun : la menace d'une intervention militaire soviétique qui permettait aux gouvernements communistes des différents pays de rester en place, malgré le rejet des populations. Or, à partir du moment où Gorbatchev a décidé de ne plus maintenir par la force la domination de l'URSS sur l'Europe de l'Est, l'édifice s'est écroulé et ces États ont pu recouvrer leur indépendance nationale.

Dans les pays arabes, le déficit démocratique est certes commun à tous les pays, mais les différences nationales pèsent davantage. Le retard démocratique y est aussi fort différent. Le roi du Maroc, par exemple, a anticipé ces revendications en lâchant du lest ; l'Algérie conserve en mémoire les horreurs de la guerre civile des années 1990. En Libye, le renversement du régime a été effectué à la suite d'une guerre civile appuyée par l'OTAN. En Syrie, Bachar el-Assad a mené une répression de grande ampleur contre laquelle les réactions internationales ont tardé à venir. À Bahreïn, les Occidentaux ont soutenu la répression du régime par peur des menaces chiites, le Qatar et les Émirats arabes unis ne font pas l'objet d'une contestation politique de la part de leurs citoyens nationaux. Au Yémen, l'ombre d'Al-Qaïda modifie la donne.

Bref si des soubresauts agitent la plupart des pays arabes, tous les régimes ne vont pas tomber les uns après les autres. En revanche, il existe bien un phénomène mondial de prise de parole, par les opinions nationales, qui contestent les régimes dictatoriaux. Ce mouvement n'est absolument pas limité aux pays arabes. Son intensité dépend à la fois de l'histoire de chacun des pays, ainsi que du niveau d'alphabétisation et de développement économique.

29

Dans les pays musulmans, les premières élections libres débouchent sur des dictatures islamistes

Pendant très longtemps, les Occidentaux n'ont pas été très regardants sur les caractères répressifs de certains régimes arabes qui leur étaient liés stratégiquement. Si la guerre d'Irak a été menée au nom du renversement d'un dictateur et de la nécessité d'établir la démocratie, les Occidentaux n'ont pas toujours fait preuve de la même exigence. On a fermé les yeux sur la répression et la corruption en Égypte, partenaire essentiel des Occidentaux au Proche-Orient et l'un des deux seuls pays arabes à avoir signé un traité de paix avec Israël.

La Tunisie paraissait stable et le régime de Ben Ali passait pour être un rempart contre les menaces islamistes qui avaient remplacé, d'une certaine manière, la menace soviétique comme élément fédérateur dans les stratégies de sécurité des pays occidentaux. Certains responsables sont même allés jusqu'à théoriser l'idée que les manquements démocratiques constituaient un danger moindre que l'arrivée d'islamistes au pouvoir, aussi bien pour les citoyens des pays en question que pour le monde extérieur.

Chacun avait en tête l'exemple iranien. La révolution populaire guidée par l'ayatollah Khomeini s'est rapidement muée en dictature religieuse, trahissant les espoirs initiaux placés en elle. Les Iraniens ont troqué un régime répressif pour un autre, les Occidentaux y perdant un allié remplacé par un régime jugé menaçant pour leur sécurité.

En Algérie les élections libres ont été interrompues par l'armée, après la victoire des islamistes au premier tour des élections législatives, le tout débouchant sur une terrible guerre civile.

Ainsi dès le départ des révolutions arabes, la menace du danger islamiste a été mise en avant. Cette crainte repose néanmoins sur plusieurs erreurs de jugement. D'une part, les régimes répressifs, loin de combattre la menace islamiste, la nourrissent. C'est bien l'immobilisme politique et social, la corruption, l'absence d'alternative politique qui, dans les dictatures arabes, a fait la popularité des mouvements islamistes incarnant peu à peu l'opposition à des régimes devenus hautement impopulaires.

En outre, n'est-il pas contradictoire de souhaiter la démocratie à condition que les peuples choisissent des dirigeants conformes au désir des pays étrangers ? Cela paraissait déjà évident après l'arrivée du pouvoir du Hamas aux élections de janvier 2006 lorsque les pays occidentaux ont refusé tout contact avec le nouveau gouvernement considérant que le Hamas était une organisation terroriste.

Si Khomeini a pu établir un régime autoritaire en Iran, c'est aussi largement en raison de la guerre que l'Irak lui a déclarée à l'automne 1980. Dans un pays en guerre, il est toujours plus facile de restreindre les libertés, d'étouffer l'opposition accusée d'être non patriotique dès lors qu'elle conteste le gouvernement. En cas de menace extérieure, la population se ressoude naturellement autour de ses dirigeants. La Révolution française n'a-t-elle pas elle-même débouché sur la Terreur lorsque la patrie a été déclarée en danger ?

En Algérie, si l'armée n'avait pas fait de coup d'État, du fait de l'absence de périls extérieurs, il est peu probable que le FIS aurait pu établir une dictature islamiste face à la résistance de la société civile.

S'il ne faut pas être dupe du double langage employé parfois par les partis islamistes – qui promettent de ne pas revenir sur les libertés publiques pour se rendre plus acceptables – il paraît néanmoins indéniable que ces partis sont plus facilement combattus ou intégrés par les urnes que par les armes.

30

Israéliens et Arabes ne pourront jamais être en paix

Aucune des multiples tentatives de médiation ou d'accord de paix n'a été un succès, et la violence reprend toujours le dessus. Arabes et Israéliens sont lancés dans une guerre sans fin, notamment du fait de leurs antagonismes religieux. Ils sont trop différents pour pouvoir vivre en paix ; d'ailleurs, ils veulent la même terre.

Il est vrai que depuis 1948 et la création de l'État d'Israël, aucun accord global n'a pu être possible entre Arabes et Israéliens ou entre Israéliens et Palestiniens, chacun accusant l'autre d'être le responsable de l'échec de la paix. Les affrontements entre Juifs et Arabes ont commencé entre les deux guerres mondiales, avant la résolution de l'ONU sur un plan de partage de la Palestine en 1947. Ainsi, le conflit israélo-arabe donne le sentiment d'un combat sans fin, et son ancienneté ne vient pas apaiser – bien au contraire – l'hostilité réciproque.

Pourtant, la paix n'est pas impossible. Il faut tout d'abord souligner qu'après leur expulsion du royaume d'Espagne en 1492, les juifs ont trouvé refuge dans les pays arabes, où s'ils avaient un statut de minorité qui ne leur donnait pas des droits égaux, du moins ils n'étaient pas victimes de violence. De plus, malgré la succession de guerres qui a opposé Israël aux pays arabes voisins (1948, 1956, 1967, 1973, 1982, 2006, auxquelles il faut ajouter la guerre de Gaza de 2008), l'État hébreu a conclu des traités de paix avec l'Égypte d'une part, et la Jordanie d'autre part. De nombreux experts estiment que, sans l'assassinat d'Yitzhak Rabin par un extrémiste juif en 1995, le processus d'Oslo aurait pu conduire à une paix véritable. Avec le plan Abdallah (du nom du prince héritier puis roi d'Arabie Saoudite), les pays arabes ont proposé en 2002 à Israël un règlement global comprenant le retrait israélien des terres occupées depuis 1967 contre la reconnaissance de l'État d'Israël par ses voisins arabes – cela alors que pendant très longtemps, les Israéliens ont refusé la notion même d'État palestinien, et que les opposants arabes appelaient à la destruction de « l'entité sioniste ». Un pas important est donc franchi. À l'heure actuelle, les enquêtes d'opinions montrent que les deux tiers des Israéliens acceptent la fondation d'un État palestinien ; côté palestinien, une part importante de la population reconnaît désormais l'existence d'Israël. De plus, les termes d'un accord entre Israéliens et Palestiniens sont connus et ont été évoqués dans divers plans : il s'agirait pour les pays arabes de reconnaître Israël et son droit d'exister dans la sécurité, alors que parallèlement Israël accepterait la création d'un véritable État palestinien (et non pas une Autorité palestinienne n'ayant pas le contrôle de ses frontières) peu ou prou dans les frontières de 1967 (avec d'éventuelles rectifications frontalières mutuellement agréées et territorialement compensées), Jérusalem étant la capitale de chacun des deux États. Finalement, les différences entre Juifs et Arabes (musulmans ou chrétiens) ne sont pas d'essence religieuse, chaque communauté comptant des partisans de la paix et d'un rapprochement, et des partisans de la poursuite du conflit. Il s'agit donc de choix politiques et non pas de détermination religieuse. La formule « la paix contre les territoires » illustre bien que la paix est possible sur la base d'un compromis politique et territorial. Mais certains estiment que la poursuite de la colonisation, y compris après la signature des Accords d'Oslo, ainsi que l'émiettement des territoires palestiniens qu'elle a produit, risquent de rendre la coexistence des deux États matériellement impossible.

31

L'islam est incompatible avec la démocratie

Aucun pays musulman n'est une démocratie. Au contraire la plupart de ces pays sont des dictatures où la place de la religion étouffe tout développement de la société civile. La femme y a toujours un statut mineur.

S'il est vrai que la plupart des pays musulmans ne sont pas des démocraties, la généralisation de l'incompatibilité entre l'islam et la démocratie est abusive et ne se vérifie d'ailleurs pas dans les faits. Elle provient de deux erreurs de perspective. D'une part, le monde musulman est assimilé au monde arabe ; or, l'Asie du Sud et du Sud-Est compte trois fois plus de musulmans que les pays arabes, et les pays arabes sont aussi les patries de communautés chrétiennes ou hindoues. D'autre part, le conflit israélo-arabe est transposé dans une logique du modèle de la guerre froide comme étant un conflit entre démocratie (Israël) et dictatures (pays arabes).

Le monde arabe est en effet très en retard en ce qui concerne la démocratisation et le développement humain, ce qui d'ailleurs a été déploré dans les rapports successifs du Programme des Nations unies pour le développement (PNUD) réalisé par des Arabes eux-mêmes.

Paradoxalement, les Palestiniens qui n'ont pas d'État reconnu, ont un système démocratique qui a pu avoir des élections débouchant sur une véritable alternance politique. Le Hamas est un mouvement d'opposition ayant remporté les élections législatives de janvier 2006 dans des conditions de transparence vérifiées par la communauté internationale. Problème de taille, cependant : le Hamas est considéré comme un mouvement terroriste par Israël et les pays occidentaux, qui ont rompu les relations avec le gouvernement palestinien. De fait, l'environnement géopolitique (permanence du conflit israélo-palestinien, soutien des États-Unis à Israël, guerre d'Irak) donne une grande popularité dans les pays arabes aux formations radicales et antiaméricaines.

Mais les mouvements de démocratisation dans les autres pays arabes n'ont pas toujours été aidés – c'est le moins que l'on puisse dire – par les pays occidentaux qui ont souvent privilégié la stabilité des régimes en place au détriment de la démocratie. Dans le reste du monde musulman, la démocratie peut exister. C'est le cas notamment en Turquie de façon assez ancienne, même si constitutionnellement l'armée se voit toujours accorder des droits spécifiques. Le pays musulman le plus peuplé du monde, l'Indonésie, est devenu une réelle démocratie après la fin du régime mis en place par un coup d'État en 1965. La Malaisie se démocratise également. Le régime du président Musharraf au Pakistan a été soutenu par le monde occidental au nom de la lutte contre le terrorisme. Chacun s'accommode des régimes dictatoriaux d'Asie centrale au nom du même principe. En ce qui concerne les droits des femmes, les pays arabes et musulmans connaissent des situations très contrastées, du plus obscurantiste au plus libéral. Mais, même dans les sociétés occidentales, l'émancipation des femmes, pour être réelle, n'est pas très ancienne. Par exemple, les Françaises n'ont le droit de vote que depuis 1944. Les Arabes, comme les autres, souhaitent la démocratie. Ce sont les circonstances historiques et géopolitiques qui en ont retardé l'émergence. Les dictatures ont été soutenues par les Occidentaux au nom de la lutte contre le communisme et l'islamisme. Le développement des sociétés civiles produira, ici comme ailleurs, un mouvement de démocratisation. Le « printemps arabe » n'a pas apporté la démocratie partout, mais les révolutions sont des processus tortueux et souvent émaillés de soubresauts.

32

L'Afrique n'est pas mûre pour la démocratie

Absence de structures étatiques stables, divisions irrémédiables entre ethnies pouvant s'opposer violemment, corruption endémique, sous-développement aussi bien économique que politique, l'Afrique ne peut pas se payer le luxe de la démocratie.

Cette affirmation confond une situation à un moment donné et un caractère essentiel ou éternel. S'il est vrai qu'il y a en Afrique encore des régimes non démocratiques, cela ne signifie pas pour autant que l'Afrique soit vouée à être dirigée par des pouvoirs forts ou par des dictateurs. Cette affirmation de nature essentialiste tend à privilégier la stabilité des régimes en place sur une ouverture démocratique censée être dangereuse. S'il est vrai que les transitions démocratiques offrent parfois des périodes de fragilité, le maintien des dictatures n'est jamais pour autant une garantie de stabilité de long terme, un leader autoritaire pouvant être renversé par un autre. L'affirmation a par ailleurs des relents condescendants, pour ne pas dire racistes : ce qui serait bon pour les uns (les peuples développés économiquement et dans les autres domaines) ne serait pas bon pour les Africains, trop peu matures pour goûter les joies de la démocratie. La question de la démocratisation de l'Afrique a été posée avec une acuité nouvelle lorsque l'Europe de l'Est a été libérée de la tutelle soviétique et que la démocratie s'est répandue dans une partie du continent où elle était auparavant inespérée. Mais l'Afrique n'a pas la même histoire. Les indépendances sont récentes (elles datent des années 1960 pour la plupart) et les jeunes États issus de la décolonisation ont rapidement été soumis à la compétition Est/Ouest. Les Occidentaux, qui prônaient la démocratie chez eux, acceptaient fort bien de traiter avec des régimes dictatoriaux en Afrique, du moment qu'ils professaient une opposition à l'Union soviétique. Dans les années 1990, l'Afrique a connu les désordres issus de la dérégulation, de la chute du prix des matières premières et de la rigueur budgétaire imposée par les institutions financières mondiales. Ces circonstances l'ont déstabilisée socialement et politiquement. De nos jours, la lutte pour la possession des nombreuses richesses de l'Afrique (pétrole, métaux rares, pierres précieuses, etc.) génère des conflits à l'intérieur et entre de nombreux États, et ajoute à la complexité de la situation en attirant des pays non africains (comme la France, les États-Unis, le Japon, le Brésil).

De plus, les pays occidentaux n'ont pas créé leur démocratie de façon instantanée. D'ores et déjà, en Afrique, des pays comme le Mali, le Sénégal, le Ghana, le Botswana, le Bénin, la Namibie respectent les libertés fondamentales et sont des démocraties pleines et entières. Plus d'une quinzaine d'autres États peuvent connaître rapidement une transition démocratique. Quant à l'Afrique du Sud, elle est passée en moins de vingt ans d'un système raciste d'apartheid extrêmement dur à un régime démocratique, modèle de réconciliation politique inter-ethnique. De

1960 à 1991, à l'exception de l'Ile Maurice, en 1982, aucun chef d'État ou de gouvernement n'avait vu son mandat prendre fin pacifiquement. Depuis 1991, plus de 30 gouvernements ont perdu le pouvoir à la suite d'élections.

33

La démocratie peut s'exporter

Face à un régime dictatorial, les populations sont démunies et ne peuvent instaurer seules la démocratie. Dès lors, pour les aider à se débarrasser de la dictature et mettre fin à l'oppression, une intervention extérieure peut être nécessaire pour permettre de rétablir les libertés publiques.

Ce raisonnement a été poussé à l'extrême par les néo-conservateurs américains qui ont justifié la guerre d'Irak notamment par la nécessité d'y établir une démocratie. Or, l'histoire montre que la guerre ou la menace de guerre a toujours pour résultat de souder une population autour de son gouvernement par réaction nationale et ce, quelles que soient les critiques portées auparavant contre ce même gouvernement. La guerre lancée contre l'Iran par l'Irak en 1980 par exemple a beaucoup contribué à l'instauration d'un régime répressif par Khomeini. Un régime se sentant en danger pourra toujours jouer sur la menace d'un péril extérieur pour restaurer sa légitimité. Par ailleurs, le libérateur, même s'il est bien accueilli initialement comme le montrent les exemples d'Irak et d'Afghanistan, apparaît très vite comme un occupant, et est donc rejeté ; les personnalités locales qui participent au nouveau régime sont rapidement considérées comme des collaborateurs ; le système politique mis en place de l'extérieur, même plus libéral et démocratique, ne semble pas légitime.

La démocratie est un processus qui est à la fois lent et interne, comme nous le montrent d'ailleurs les exemples européens et américains. Aucune démocratie existante ne s'est créée de façon instantanée, l'expérience française depuis 1789 est sur ce point éclairante, faite d'allers-retours entre des régimes républicains et démocratiques, et d'autres monarchiques, impériaux ou autoritaires. Aucune démocratie n'a été fondée par une intervention extérieure, encore moins par la guerre. Les exemples allemands et japonais, parfois cités, ne sont guère pertinents. En Allemagne, la fin de la Seconde Guerre mondiale a vu le rétablissement de la démocratie brisée par Hitler à partir de 1933. Le Japon représente un cas très spécifique, entre fin de la Seconde Guerre mondiale, maintien du régime impérial et bombardements nucléaires.

Le monde extérieur – États, ONG, opinions publiques, institutions internationales et également entreprises – peut jouer un rôle d'assistance par les contacts avec la société civile, par l'aide aux opposants, par l'accueil des réfugiés, par une série de mesures incitatives pour les pays en voie de démocratisation. Les démocraties durablement installées sont celles qui sont le fruit de mouvements internes de la société.

34

Il y a un clivage droite-gauche en politique étrangère

Comme sur les sujets de politique intérieure, la droite et la gauche ont des conceptions très différentes de la politique étrangère que la France doit mener.

Le clivage sur la politique étrangère française sous la Vème République ne relève pas de la distinction entre droite et gauche. Encore en vigueur à l'origine du régime, cette distinction s'est effacée au profit d'une autre, plus fondamentale.

Il s'est cristallisé dans l'opposition entre les tenants d'une ligne gaullo-mitterrandiste et les partisans de l'atlantisme, et/ou de l'occidentalisme.

Les tenants de la ligne gaullo-mitterrandiste pensent que la France ne peut se résumer à son statut de pays occidental, qu'elle a un rôle spécifique à jouer avec les pays « du Sud » hier, « émergents » aujourd'hui, et qu'il est bien dans son intérêt de jouer ce rôle. Ils sont persuadés que cela n'est possible que si la France maintient une ligne indépendante et qu'elle ne fait pas partie d'un système d'alliance figé. La France doit être en phase avec l'intérêt général et favoriser le multilatéralisme et la multipolarité.

Les atlantistes et autres occidentalistes croient que la France se définit avant tout par son appartenance à une famille politique, que son devoir principal est d'être solidaire de cette famille et de son leader. Une menace supérieure mettant en danger la France (hier l'URSS, aujourd'hui l'islamisme ou la montée en puissance de la Chine, ou d'autres émergents...) nous conduit à devoir accepter de nous mettre dans les pas du leadership occidental.

Après l'implosion de l'Union soviétique et la disparition du bloc communiste, la ligne de division s'est reformée, les atlantistes se regroupant partiellement sous la dénomination d'« occidentalistes ». Selon les partisans de cette thèse, le monde occidental serait menacé par la dictature russe qui, dans leur esprit, ne se différencie guère de l'Union soviétique, par la suprématie chinoise ou par la montée en puissance de l'islam. Certains parlent de « fascislamisme ». Ils étaient également en faveur de l'ingérence, les Occidentaux étant à leurs yeux censés apporter le progrès aux peuples du Sud.

Subrepticement, la thèse de la supériorité de la civilisation occidentale (plus moderne, plus démocratique, plus ouverte, plus tolérante) s'impose, fût-ce au nom de bons sentiments, avec parfois la tentation d'exporter ces avantages pour en faire bénéficier les autres, fût-ce en leur imposant. Elle refonde les réflexes colonialistes, pétris de bonne conscience pour masquer les appétits de la puissance.

Le clivage ne se situe pas entre droite et gauche, entre les deux principales formations. L'UMP et le PS sont traversés par cette nouvelle ligne de partage.

35

La politique étrangère de la France est pro-arabe

La France défendrait systématiquement les positions arabes à l'ONU et ne cesserait au contraire d'accuser Israël des blocages du processus de paix israélo-palestinien. Ces positions s'expliquent par la recherche d'avantages commerciaux avec les pays arabes et l'existence d'une forte minorité arabe vivant en France, estimée à 8 ou 10 % de la population française et qui donc aurait un poids électoral décisif. Nicolas Sarkozy a rompu avec cette tradition.

La France est considérée comme pro-arabe parce qu'elle a été très souvent le pays à la pointe de la défense des droits des Palestiniens. Il est vrai que les États-Unis sont des alliés quasiment inconditionnels des Israéliens : ils ont très souvent utilisé leur droit de veto au Conseil de sécurité de l'Organisation des Nations unies (ONU) pour empêcher Israël d'être condamné pour sa politique à l'égard des Palestiniens ou pour le non-respect des résolutions de l'ONU. De plus, les États-Unis ont une aide militaire très importante avec Israël (3 milliards de dollars annuels). Les pays européens osent rarement prendre des positions contraires à celle des États-Unis ; l'Allemagne, quant à elle, est inhibée par le poids de sa responsabilité historique dès qu'Israël est en cause. Mais ce n'est que par comparaison à la politique américaine que la politique française peut être qualifiée de pro-arabe. En effet, au-delà des divergences que les deux pays entretiennent sur le conflit israélo-palestinien, la France a des relations très développées avec Israël. Mais elle reprend, en fait, face au soutien indéfectible des États-Unis à Israël et au silence de certains, les positions qui sont celles du droit international, et notamment les nombreuses résolutions de l'ONU sur le sujet. C'est le général de Gaulle qui a rompu, en 1967, pendant la guerre des Six-Jours, l'alliance stratégique franco-israélienne en condamnant l'initiative israélienne de recourir à la guerre et en prédisant que l'occupation d'un peuple risquait d'entraîner Israël dans des épreuves difficiles. En 1967, il n'y avait pas de contrats commerciaux avec les pays arabes, les premiers étant signés au début des années 1970. À l'époque, les Arabes n'avaient aucun poids électoral en France, très peu ayant acquis la nationalité française. Certes, à partir des années 1970, la France a effectivement développé ses relations économiques et commerciales, notamment avec le monde arabe, mais cette réorientation correspondait à une vision stratégique : la France avait pour objectif de trouver des partenaires afin d'affirmer sa position particulière dans les logiques Est/Ouest. Après de Gaulle, des actes politiques de présidents français ont été bien accueillis dans le monde arabe, notamment la décision de François Mitterrand de rencontrer Yasser Arafat à Paris en 1989 et celle de Jacques Chirac de menacer du droit de veto de la France une résolution de l'ONU autorisant l'invasion de l'Irak en 2003.

L'accusation portée contre la France d'être « pro-arabe » avait pour but de discréditer sa politique au Proche-Orient en la présentant comme étant déséquilibrée et partisane, alors que la France se donne simplement la liberté d'une politique pouvant exprimer des divergences avec le gouvernement israélien, comme elle le fait avec ses autres alliés. Nicolas Sarkozy, qui a repris à son compte les critiques relatives à la politique arabe de la France avant son élection, n'a que très partiellement modifié la politique étrangère française une fois élu président. Il proclame haut et fort son amitié avec Israël mais soutient la création d'un État palestinien et développe des liens économiques et politiques avec de nombreux pays arabes, position reprise par François Hollande. On peut même estimer que malgré les graves divergences entre la France et Israël à partir de 2000 sur le conflit israélo-palestinien, les relations bilatérales franco-israéliennes sont excellentes.

36

L'antiaméricanisme règne en France

Du départ du commandement militaire intégré de l'OTAN en 1966 sous le général de Gaulle à l'opposition de Jacques Chirac à la guerre d'Irak en 2003, la diplomatie française est guidée par l'antiaméricanisme. Cela s'explique par la jalousie qu'une France en déclin exprime à l'égard de la réussite de la puissance américaine.

La France, comme les États-Unis, prétend à une politique globale et une vision universelle. Mais Paris ne peut plus se comparer en terme de puissance à Washington. Il serait pourtant très réducteur de résumer les divergences franco-américaines à des questions de jalousie mal placée. La possession d'un arsenal nucléaire a permis à la France d'être indépendante et d'assurer sa sécurité. Ce n'est d'ailleurs qu'après sa mise en place que le général de Gaulle a quitté les organes militaires intégrés de l'OTAN. La France a, dès lors, pu parler plus franchement aux États-Unis que ne l'ont fait les autres pays européens dont la sécurité dépendait de Washington.

Le traumatisme de l'expédition de Suez en 1956, où la France s'était sentie abandonnée par son protecteur américain, a conduit Paris à vouloir assurer seul sa sécurité. Cette posture d'indépendance a été extrêmement favorable à la France, lui conférant une position tout à fait spécifique, à la fois alliée aux États-Unis et indépendante, d'où un rayonnement de la diplomatie française plus important que celui des autres pays européens. La France n'est pas systématiquement antiaméricaine et dans les périodes de crises aiguës, elle s'est comportée comme un allié sans faille, qu'il s'agisse de la crise des fusées de Cuba en 1962, de la construction du mur de Berlin en 1961, de la bataille des euromissiles dans les années 1980 ou de la guerre du Golfe en 1990-1991 et en 2013 sur l'affaire syrienne. Les services de renseignement français ont toujours collaboré étroitement avec les services américains, quelles que soient les tensions en surface entre leurs gouvernements. De plus, lorsqu'elle s'est opposée spectaculairement aux États-Unis, que ce soit contre la guerre du Vietnam ou celle d'Irak, on ne peut pas dire que la suite des événements lui ait donné tort, les conséquences tant pour les États-Unis que pour les populations locales et la stabilité de ces régions du monde ayant été dramatiques.

L'accusation d'antiaméricanisme de la part de la France ne doit pas faire oublier la violence du French bashing, très en vogue notamment après le déclenchement de la guerre d'Irak, ces plaisanteries antifrançaises qui auraient été considérées comme racistes si elles étaient adressées à un autre groupe national ou ethnique. Et l'on se souvient que Condoleeza Rice, peu après la chute de Saddam Hussein, affirmait au sujet de l'opposition de certains pays à la guerre en Irak que Washington se devait de « pardonner la Russie, ignorer l'Allemagne, et punir la France ». Plus que l'anti-américanisme français, ce dont il s'agit, c'est de savoir si les États-Unis de George Bush étaient prêts à supporter un allié indépendant. Malgré une partie de l'opinion critique de la société américaine, celle-ci est populaire en France. C'est la politique extérieure qui a été décriée sous Bush. L'élection d'Obama – lui-même critique de Bush – est venue arranger les choses au point que la France, en 2009, a pu sans aucun problème réintégrer les organes militaires de l'OTAN. Les plus véhéments à gauche et chez les gaullistes reprochent même un certain alignement.

37

La Russie ne peut être gouvernée que par un régime fort

Aucun régime démocratique n'a pu s'imposer en Russie. Du régime tsariste au système communiste, seuls des pouvoirs forts sont aptes à diriger une population de toute façon passive et exigeant l'ordre avant tout.

Pierre le Grand, Catherine II, Lénine et Staline ont dirigé d'une main de fer la Russie. Lorsque le pouvoir s'est montré plus modéré, qu'il s'agisse de tsars plus libéraux ou de Gorbatchev, l'URSS et la Russie ont été mises en difficulté, tant sur leur territoire qu'à l'extérieur. Vladimir Poutine, président de la Fédération de Russie de 2000 à 2008 et qui l'est redevenu en 2012 après avoir été Premier ministre entre les deux, a restauré l'autorité de la Russie sur la scène internationale au prix d'un retour à l'autoritarisme sur le plan intérieur. Malgré les limitations apportées aux libertés publiques, il jouit d'une très grande popularité dans l'opinion russe. Faut-il en conclure que la Russie serait par nature inadaptée à la démocratie ? Que seul un régime à poigne pourrait se faire respecter, tant à l'intérieur qu'à l'extérieur ?

Cette situation s'expliquerait par un facteur géographique : le pays étant trop grand pour être géré démocratiquement. Second facteur d'explication, l'héritage historique : la Russie n'a jamais connu de démocratie. Enfin, un facteur culturel est souvent avancé : le « caractère slave » exigerait un pouvoir fort. Le critère géographique peut être rapidement balayé : la majeure partie de la population vit dans un espace restreint ; de plus, d'autres pays continents comme l'Inde, les États-Unis ou le Canada, sont la preuve que le gigantisme n'est pas incompatible avec la démocratie. Il est certain qu'il peut y avoir une nostalgie de l'Union soviétique et de sa grandeur chez certains Russes. En effet, l'avènement de la démocratie, encore trop récente pour être réellement enracinée, s'est effectué sur fond d'humiliation internationale de Moscou, de croissance forte des inégalités économiques et sociales, et d'insécurité. Ces aspects négatifs, très rudement ressentis, expliquent la désaffection de la population à l'égard de la démocratie, dont l'établissement serait venu détruire les acquis de la période communiste. L'enracinement d'une démocratie va souvent de pair avec l'affirmation d'une classe moyenne qui devient son socle principal. Elle se développe en Russie et c'est de là que vient la contestation du régime. Pourtant, conclure à une inadaptation de la Russie à la démocratie, c'est oublier que, dans les sociétés européennes, la culture démocratique a mis des décennies, voire des siècles, à s'enraciner, sans compter les nombreuses « parenthèses » autoritaires et les retours en arrière que ces pays ont connus dans leur marche vers la démocratie. Ainsi la France, patrie des droits de l'homme et du citoyen, a connu entre 1789 et nos jours de nombreuses périodes autoritaires, dont deux empires, une Restauration et l'État vichyste.

Le retour de Poutine à la présidence russe est considéré comme un signe supplémentaire de l'incapacité de la Russie à se démocratiser. Pour autant, la société civile se développe et se fait de plus en plus entendre.

38

Il existe des armes de destruction massive

Depuis le début des années 1990 est apparue une nouvelle catégorie d'armes, appelées armes de destruction massive « ADM » (WMD, Weapons of Mass Destruction), ainsi dénommées du fait de l'effroi qu'elles suscitent et de l'ampleur des dégâts qu'elles peuvent potentiellement créer.

Cette dénomination « ADM » regroupe en fait des armes de nature extrêmement différentes. Il y a les armes nucléaires, les armes biologiques, les armes chimiques et parfois les missiles balistiques qui ne sont pas des armes en tant que telles mais leurs moyens de transports. Les armes nucléaires sont des armes de dissuasion. Selon cette conception, elles ne servent que si elles ne sont pas utilisées. Leur but est d'éviter les guerres, non de les gagner. Mais si la dissuasion échoue, la capacité de destruction des armes nucléaires actuellement en stock permettrait effectivement de faire sauter plusieurs fois la planète. Cela dit, l'arme nucléaire a déjà été utilisée par deux fois, non comme arme de dissuasion mais comme arme de destruction. En effet, les États-Unis ont bombardé en août 1945 deux villes japonaises, Hiroshima et Nagasaki, faisant plus de 200 000 morts directs. De plus, des éléments de technique nucléaire pourraient être utilisés pour créer des « bombes radiologiques » ou « bombes sales » ; il s'agirait d'un engin constitué d'un explosif conventionnel autour duquel seraient disposés des produits radioactifs. La possibilité d'utilisation de « bombes sales » par des groupes terroristes plutôt que par des armées n'est pas à exclure.

Les armes chimiques apparues au cours de la Première Guerre mondiale sont parfois qualifiées « d'armes nucléaires du pauvre » car plus faciles techniquement et financièrement à mettre au point que l'arme nucléaire. Mais c'est une arme d'emploi et non de dissuasion. Certes l'utilisation des armes chimiques n'est pas très aisée. Elles peuvent, en cas de vents contraires, se retourner contre ceux qui les ont lancées. Elles ont marqué les esprits du fait de leur terrible utilisation au cours de la Première Guerre mondiale (gaz moutarde), et ont été également utilisées par le régime de Saddam Hussein (et notamment par son cousin « Ali le Chimique ») lors de la répression contre la population kurde en 1988, et par les troupes syriennes en 2013.

Les armes biologiques sont des armes produites à partir d'agents naturels. Ce sont des agents infectieux associés à un vecteur. Ils peuvent se reproduire, se multiplier au sein de l'organisme qui les reçoit et qui peut à son tour les transmettre.

La notion d'armes de destruction massive est très ambigüe – pour ne pas dire fausse – d'un point de vue stratégique. Au cours du XXe siècle, de nombreux massacres de grande ampleur ont été commis sans qu'elles soient utilisées. Il suffit de se rappeler que le génocide rwandais en 1994 a fait entre 500 000 et 800 000 morts, principalement avec des machettes. Les attentats du 11 septembre 2001 ont été réalisés grâce au détournement d'avions civils au moyen de cutters. La guerre civile en Syrie avait déjà fait 100 000 morts avant l'utilisation des armes chimiques qui en a fait quelques centaines. Les guerres civiles africaines, la guerre de Tchétchénie, les guerres balkaniques, bref tous les conflits qui ont ensanglanté la planète à la fin du XXe siècle n'ont pas été menés avec des ADM.

Si les différentes armes nucléaires, chimiques et biologiques ont été fusionnées dans cette catégorie pour le moins contestable d'armes de destruction massive, c'est qu'elles ont un point commun : les pays les plus puissants redoutent de voir des États plus faibles s'en doter et pouvoir ainsi les menacer ou rééquilibrer en leur faveur le rapport de force.

39

La prolifération nucléaire met le monde en danger

Il y a une augmentation incontrôlée et rapide du nombre de pays possédant l'arme nucléaire, c'est le phénomène de prolifération.

Dans les années 1960, les spécialistes distinguaient deux types de prolifération : la prolifération dite « horizontale » qui concernait l'augmentation du nombre d'États possédant l'arme nucléaire et la prolifération dite « verticale » qui désignait l'augmentation du nombre d'armes nucléaires dans l'arsenal d'un pays ayant déjà ce type d'armes. Le traité de non-prolifération signé en 1968 devait comporter, en échange de la renonciation des États non nucléaires à acquérir des armes, l'engagement des États nucléaires à négocier de bonne foi un traité de désarmement pouvant aller jusqu'à un désarmement nucléaire général et complet. Bref, la lutte contre la prolifération horizontale était payée par la renonciation à la prolifération verticale.

Lorsqu'on parle de prolifération aujourd'hui, seule est prise en compte la prolifération horizontale. De plus, le terme de prolifération n'est pas tout à fait adapté : la prolifération signifierait en effet l'augmentation rapide et incontrôlée d'un phénomène. Au début des années 1960, le président Kennedy prévoyait vingt ans plus tard un monde doté d'une trentaine d'États nucléaires. Or, si l'augmentation du nombre d'États possédant l'arme nucléaire est constante, elle ne se fait pas à un rythme digne d'une prolifération. Il y avait deux États nucléaires dans les années 1940 (les États-Unis et l'URSS), un de plus dans les années 1950 (le Royaume-Uni), deux supplémentaires dans les années 1960 (la France et la Chine), puis trois nouveaux jusqu'à la fin du siècle (Israël, le Pakistan et l'Inde) ; la Corée du Nord a proclamé la posséder également. Mais des négociations chaotiques se poursuivent avec la Corée du Sud, les États-Unis, la Russie, le Japon et la Chine pour son démantèlement. L'Iran est soupçonné de vouloir acquérir l'arme nucléaire. On ne peut donc pas vraiment parler de prolifération, même s'il y a une augmentation – lente – du nombre d'États possédant l'arme nucléaire. Il y a, enfin, une suspicion de finalité militaire à propos du programme nucléaire iranien, ce qui constitue l'une des crises potentielles stratégiques majeures.

La politique de non-prolifération repose sur une contradiction : les mêmes pays qui justifient la possession d'armes nucléaires pour eux-mêmes au nom de la dissuasion estiment que l'acquisition d'armes nucléaires par d'autres qu'eux mettrait en danger la sécurité internationale. Au-delà de cette contradiction intellectuelle, il faut reconnaître que l'augmentation du nombre de pays possédant l'arme nucléaire multiplie les risques d'utilisation.

Cette situation est vécue par le monde occidental comme la menace essentielle à la sécurité, parce qu'elle remet en cause sa supériorité. Ailleurs, à l'exception des voisins immédiats du pays proliférant, cette nouvelle donne n'est pas vécue comme un risque majeur. La nature des régimes proliférants est-elle un facteur supplémentaire d'inquiétude ? La dissuasion ne serait-elle bonne que pour les grands pays démocratiques dont les dirigeants sont rationnels ? C'est oublier que l'Union soviétique de Staline ou la Chine de Mao n'étaient pas nécessairement des démocraties guidées par la rationalité au sens occidental du terme ; ces régimes ont pourtant intégré dans leur stratégie « l'équilibre de la terreur ». C'est oublier également que le seul pays ayant effectivement utilisé l'arme nucléaire contre un autre pays est les États-Unis – pays démocratique – et cela par deux fois contre le Japon en août 1945 (mais il est vrai qu'à cette époque, le concept de dissuasion nucléaire n'existait pas). De plus, des régimes dictatoriaux ou contestant l'ordre international, comme le sont les régimes iranien ou nord-coréen, peuvent être insupportables pour leur population et inquiétants pour leurs voisins, mais l'acquisition d'armes nucléaires ne les conduit néanmoins pas forcément à les utiliser. La dissuasion joue également à leur égard, dissuasion américaine dans le cas de la Corée du Nord, américaine et israélienne dans le cas de l'Iran. Les régimes dictatoriaux et autoritaires n'ont pas pour vocation première de se suicider, mais de se maintenir au pouvoir. L'acquisition d'armes nucléaires ne relève pas forcément de la part de ces régimes de la volonté d'agresser leurs voisins, mais peut être une façon de garantir la stabilité de leur régime vis-à-vis de l'extérieur, mais aussi pour des raisons de politique intérieure.

40

Le principe de souveraineté protège les tyrans

Ce sont les dictatures qui s'opposent aux ingérences extérieures. Elles viendraient remettre en cause leurs violations des droits de l'homme et les souffrances qu'elles infligent à leurs propres populations.

On se rappelle la phrase de Joseph Goebbels, le dignitaire nazi, devant la Société des Nations en 1933, suite à la plainte d'un citoyen juif allemand qui dénonçait devant le Conseil les atteintes aux droits fondamentaux auxquelles se livrait Hitler. « Charbonnier est maître chez soi. Nous sommes un État souverain. Tout ce qu'a dit cet individu ne nous regarde pas. Nous faisons ce que nous voulons de nos socialistes, de nos pacifistes et de nos juifs, et nous n'avons à subir de contrôle ni de l'humanité ni de la SDN. » Le principe de souveraineté qui dispose qu'il n'y a nulle autorité au-dessus de celle de l'État permet donc à un dictateur de maltraiter comme il l'entend sa propre population sans qu'il puisse y avoir de limites venant de l'extérieur. La souveraineté rendrait donc impossible un droit de regard du reste de l'humanité ou de la communauté internationale et laisserait sans défense les populations face à leurs bourreaux, la souveraineté nationale serait donc une protection de ces derniers.

Mais il y a une autre façon de voir la souveraineté comme principe fondateur de l'indépendance des nations, ainsi que le prévoit la chartre de l'Organisation des Nations unies (ONU) en réaction, entre autres, aux agressions du IIIe Reich contre les autres nations. La souveraineté, c'est également la protection des petits États contre l'ingérence des grandes puissances ; ce principe protège ainsi les faibles contre les grandes puissances. Certes, elle peut être évoquée par des dictateurs, mais également par des régimes démocratiques en butte aux appétits de pays voisins plus puissants. Au principe de souveraineté s'oppose celui d'ingérence (voir l'idée reçue « L'ingérence est une idée progressiste ») celle-ci n'étant pas forcément mise en œuvre pour des raisons morales, même si ces dernières sont toujours invoquées.

L'ancien secrétaire général de l'ONU, Kofi Annan, avait évoqué la « responsabilité de protéger » afin d'empêcher à la fois l'instrumentalisation du principe de souveraineté par les dictateurs et celui d'ingérence par les grandes puissances.

Ce dernier a été mis en œuvre par la résolution 1973 (2011) pour protéger la population de Benghazi en révolte contre le colonel Kadhafi. La Russie et la Chine se sont abstenues, permettant l'adoption de la résolution. Mais la France, la Grande-Bretagne et les États-Unis ont transformé l'intervention militaire en cobelligérance avec les insurgés, transformant la mission de protection de la population en ingérence classique, ce qui rendra plus difficile sa mise en œuvre à l'avenir, comme en témoigne le blocage à l'ONU pour la Syrie.

41

L'ingérence est une idée progressiste

L'ingérence est une idée généreuse fondée sur la solidarité, le refus de l'indifférence aux souffrances d'autrui et le rejet du cynisme politique dans les relations internationales. L'ingérence est souvent présentée comme une victoire du droit des individus et des peuples contre les gouvernements et les États, comme une garantie contre les violations massives des droits fondamentaux, comme une preuve de générosité et d'intérêt pour la souffrance des hommes.

L'idée d'ingérence est née durant la guerre du Biafra (1967-1970) qui avait entraîné une terrible famine. Le silence des gouvernements avait incité à la création d'ONG telles que Médecins Sans Frontières, professant que l'urgence humanitaire pouvait justifier l'ingérence humanitaire. Cette pratique a été théorisée notamment par le juriste Mario Bettati, ainsi que par le médecin et homme politique français Bernard Kouchner. Le droit d'ingérence, terme créé par l'essayiste Jean-François Revel en 1979, est la reconnaissance du droit d'un ou plusieurs États de violer la souveraineté nationale d'un autre État, dans le cadre d'un mandat accordé par l'autorité supranationale (par exemple, par l'ONU). Le devoir d'ingérence est l'obligation pour un État d'apporter de l'aide à une population à la demande de l'autorité supranationale.

Or, droit et devoir d'ingérence sont des notions contestées. Cette vision, d'apparence généreuse et largement répandue parmi les nations du Nord, n'est pas partagée par celles du Sud qui considèrent l'ingérence comme une arme de la puissance, un moyen d'intervenir dans les affaires des pays faibles sous couvert d'arguments moraux. L'ingérence justifiant une intervention des pays du Nord dans les affaires intérieures des pays du Sud rappelle dès lors le colonialisme qui lui aussi s'était paré d'apparences de générosité (santé, éducation, développement, etc.). L'ingérence se pratique d'ailleurs toujours dans le sens des pays du Nord (qui ont les moyens d'intervenir) vers les pays du Sud (où ont lieu la plupart des catastrophes humanitaires). On imagine mal un pays du Sud proposant d'intervenir dans les affaires intérieures d'un pays plus puissant. Le paradoxe est que la non-ingérence dans les affaires intérieures a longtemps été un combat progressiste afin d'empêcher les interventions des puissances coloniales ou impériales chez les peuples du Sud. La charte de l'Organisation des Nations unies (ONU) est bâtie sur le principe de la non-ingérence afin justement de protéger les États faibles. Les pays du Sud mettent en avant l'application sélective de l'ingérence en fonction du degré d'animosité avec le pays concerné, et non pas en fonction de l'ampleur de la violation constatée des droits fondamentaux. Le problème réside à la fois dans le pouvoir de décision (qui décide de l'ingérence, selon quels critères et quelles modalités ?) et de son application sélective (pourquoi agir dans tel cas et ne rien faire face à une situation moralement comparable mais qui implique des États avec lesquels on a des relations différentes ?) Pour être légitime – et donc efficace – l'ingérence doit être décidée sur une large base multilatérale.

42

Il n'y a pas de valeurs universelles

Chaque civilisation a ses propres valeurs. Tous les peuples n'aspirent pas à la même chose. Le degré de démocratie ou de respect des droits de l'homme dépend des latitudes.

Il existe cependant des valeurs universelles dans le sens où elles sont reconnues de façon générale et notamment par les pays membres de l'Organisation des Nations unies (ONU) dans leur très grande diversité. La liberté, l'État de droit, le progrès social, l'égalité des droits et la dignité étaient cités, notamment par Kofi Annan alors secrétaire général de l'ONU, comme étant des valeurs universelles généralement acceptées de tous. Or cette universalité est contestée de quatre façons : ces valeurs dites « universelles » ne seraient-elles pas en fait uniquement des valeurs occidentales, voire chrétiennes ? Les efforts d'exportation de ces valeurs ne sont-ils pas le signe d'une tentative de domination occidentale sur le reste du monde ? À l'inverse, comment le Premier ministre italien Silvio Berlusconi peut-il se permettre d'évoquer, après les attentats du 11 septembre, la supériorité de la civilisation occidentale sur les autres ? Enfin, comment croire certains pays occidentaux qui, d'un côté, proclament des droits universels et qui, de l'autre, ne les respectent pas toujours eux-mêmes, soit avec leur propre population, soit avec les populations auxquelles ils sont justement censés apporter liberté, justice, etc. ?

Comme toujours, l'ONU a tenté de concilier les différences. En 1948, son Assemblée générale adoptait la Déclaration universelle des droits de l'homme qui affirme que les droits et les libertés fondamentales sont indispensables à la dignité humaine, qu'ils sont inaliénables et que leur respect relève de la responsabilité de tous les peuples et de toutes les nations. Ces valeurs universelles sont censées transcender tous les clivages culturels ou politiques. Au lendemain des attentats du 11 septembre, l'Assemblée générale de l'ONU créait un Programme mondial pour le dialogue entre les civilisations qui proclamait que la Déclaration universelle des droits de l'homme était bien l'idéal commun à atteindre par tous les peuples et toutes les nations – indiquant donc son caractère réellement universel et non négociable fut-ce par rapport aux cultures et aux coutumes locales. Mais elle affirmait en même temps la nécessité de préserver la diversité culturelle, élevée elle aussi au rang de patrimoine commun de l'humanité.

43

Les valeurs occidentales sont universelles

Les valeurs dites « universelles » sont parfois confondues avec les valeurs occidentales, celles-ci devant naturellement s'étendre à l'ensemble du monde. La démocratie, les droits de l'homme sont nés en Europe occidentale et se sont par la suite répandues sur les autres continents. Dès lors, la résistance à accepter les normes occidentales ne pourrait qu'être le fait de régimes hostiles aux droits universels.

Le débat sur la relation entre normes universelles et normes occidentales comporte deux écueils. Le premier consiste à nier l'universalité de certains droits fondamentaux au nom d'un relativisme culturel qui justifierait de graves violations des droits humains. Le second réside dans le sentiment d'une hiérarchie des cultures. Consciemment ou inconsciemment, certains Occidentaux à vocation universaliste peuvent vouloir mener une politique de puissance aux noms d'idéaux démocratiques, le cas limite de cette tendance étant la guerre d'Irak, justifiée aux yeux de l'administration américaine par l'implantation d'un système démocratique. La démocratie et les droits de l'homme ne seraient-ils bons que pour les peuples occidentaux ? Non, ce serait nier la très forte aspiration de tous les peuples du monde à en bénéficier. Ainsi, Asie et démocratie ont longtemps été réputées incompatibles ; pourtant la Corée du Sud et Taïwan, autrefois des dictatures, ont pu, en quelques décennies, installer de véritables démocraties avec respect des droits de l'opposition et alternance politique. L'Inde est une démocratie depuis sa création, l'Indonésie l'est devenue récemment. En Afrique, la démocratie progresse sur tout le continent. Elle tente de faire une percée dans le monde arabe. Hors du champ strictement politique, la guerre des valeurs continue également de faire rage, notamment dans le cadre familial et des rapports hommes/femmes. Ainsi l'ancien Premier ministre de Singapour, Lee Kuan Yew, opposait les valeurs orientales faites de respect de l'autorité et d'attention portées aux anciens à la permissivité occidentale. De même, la notion de respect des droits des femmes est sujette à variation d'Est en Ouest : les publicités ou la pornographie sont considérées comme une atteinte aux droits des femmes dans le monde musulman, le port du voile et la polygamie le sont de même dans le monde occidental.

44

La *realpolitik* est amorale

C'est au nom de la realpolitik que les démocraties ont parfois toléré, voire aidé, des dictatures et ont foulé aux pieds les principes moraux sur lesquels elles affirment être bâties.

En relations internationales, la realpolitik (mot d'origine allemande) est une politique visant à l'efficacité, sans considération de doctrine ni de principes. Pourtant, cette notion de realpolitik reste ambigüe pour beaucoup, le réalisme étant souvent pris comme la renonciation à des aspirations universelles et morales. L'appropriation de la realpolitik par Richard Nixon et Henry Kissinger – en opposition à la tradition « morale » ou « moraliste » américaine – est venue contribuer au discrédit de ce concept. Elle s'est accompagnée d'un cynisme absolu concernant, par exemple, dans un premier temps l'extension de la guerre du Vietnam ou l'aide apportée au coup d'État contre Salvador Allende au Chili en 1973, tout en s'accommodant de l'existence de l'Union soviétique, puissance considérée comme immorale (Ronald Reagan en parlera plus tard comme étant « l'empire du Mal »). Mais elle a également conduit à une politique de « détente » soviéto-américaine.

Pris au sens étroit du terme, la realpolitik serait, au mieux, l'accommodement de la situation existante, au pire, le sacrifice de l'intérêt général au profit d'un intérêt national particulier. Une définition plus moderne de la realpolitik s'oppose à la posture consistant à prendre des positions au nom de la morale sans prendre en considération les moyens et ou difficultés pour y parvenir et les résultats concrets que pourrait avoir la politique qui est recommandée en théorie. À l'extrême, cet angélisme peut aggraver la situation, plutôt que l'améliorer. La situation du Darfour en est une illustration : au nom de la lutte contre les massacres de population relevant de crimes de guerre ou de crimes contre l'humanité (ou moins 200 000 morts et deux millions de réfugiés en quatre années de guerre), certains ont prôné une intervention militaire contre le gouvernement soudanais, à laquelle s'opposait l'ensemble des organisations non gouvernementales (ONG) présentes sur le terrain qui privilégiaient, elles, un règlement politique et mettaient en garde contre les effets négatifs qu'une intervention aurait eu sur les victimes. On a vu dans ces circonstances que le débat sur la morale n'était d'ailleurs pas entre États d'un côté, ONG de l'autre, mais peut-être plus entre ONG réellement engagées sur le terrain et intellectuels engagés avant tout sur la scène médiatique. Mener une véritable realpolitik pourrait consister en un ensemble d'actions visant à une transformation positive de l'état du monde à partir d'une analyse réaliste du rapport de force.

45

Le terrorisme est la menace principale

Il ne passe pas un jour sans que la menace terroriste ne soit évoquée. Dans la presse, elle est citée par les dirigeants politiques et les experts comme étant leur préoccupation majeure concernant la sécurité nationale et internationale. Cette menace est présente de façon quotidienne et façonne nos modes de vie.

Contrairement à la guerre classique, il est vrai, le terrorisme peut frapper chacun d'entre nous dans l'exercice de ses activités quotidiennes : transport, travail, courses, loisirs. Il n'y a, *a priori*, pas de lieu qui puisse être à l'abri du terrorisme. Si le symbole de la puissance économique américaine qu'était le World Trade Center a pu être détruit, c'est bien qu'aucune protection n'est totalement efficace. Les terroristes ont l'avantage de la mobilité, du choix du lieu, du moment et de la cible, et il suffit qu'un attentat réussisse pour faire oublier les dizaines d'autres qui ont été déjoués. De plus, n'importe qui semble pouvoir réaliser un attentat, car ce type d'entreprise ne nécessite pas de moyens extrêmement onéreux ou sophistiqués (des modes d'emploi de fabrication artisanale de bombes sont même accessibles sur Internet !), d'où le sentiment d'un danger de tous les instants. Mais au-delà de ce caractère spectaculaire, le coût humain et matériel des attentats terroristes est généralement bien moindre que celui d'affrontements armés classiques ou de bombardements de populations civiles. Si les attentats contre le World Trade Center et le Pentagone ont tant frappé les esprits, c'est non seulement parce que les attaques ont touché les États-Unis sur leur sol, mais surtout parce qu'ils ont fait un nombre très important de victimes (près de 3 000 morts, et ce à la surprise même des organisateurs) et ont été suivis en direct par des millions de téléspectateurs de par le monde. L'effet d'identification avec les victimes a été total : « Nous sommes tous Américains » titrait le quotidien *Le Monde*. Ainsi, l'effet du terrorisme et sa réussite sont avant tout psychologiques. De plus, il est vécu d'autant plus douloureusement par les puissances industrielles que celles-ci se considèrent en paix et en sécurité depuis plusieurs décennies, et que ce type de guerre asymétrique crée une menace venant de plus faibles qu'elles, menace contre laquelle leur arsenal militaire classique n'est pas adapté. Ainsi, réduire à néant les dangers qui pèsent sur la planète, notamment en termes de menace terroriste, semble illusoire. En géopolitique, le risque zéro n'existe pas.

46

Ceux qu'on appelle terroristes sont des résistants

L'accusation de terrorisme a pour but de disqualifier politiquement le combat qui est mené. Ceux qui sont qualifiés de terroristes ne font qu'utiliser l'arme des faibles et se défendre contre un occupant.

Ce raisonnement, souvent entendu à propos du conflit israélo-palestinien, établit une analogie avec la situation de la France lors de l'occupation allemande lorsque les résistants français étaient présentés par les nazis et le régime de Vichy comme des terroristes. La tentation est donc de déterminer la qualification de « terrorisme » et de « résistance » en fonction de la sympathie ou de l'hostilité à la cause qui est défendue.

La communauté internationale n'a jamais pu s'entendre sur une définition commune du « terrorisme » – l'Organisation des Nations unies (ONU) en a d'ailleurs recensé cent quarante-six ! Il est pourtant possible de le définir de façon purement factuelle et de trouver un consensus sur des éléments de définition. Le terrorisme serait un acte de violence politique (il n'est pas dicté par des motivations criminelles), recourant à la violence (il ne s'agit pas simplement de propagande, de débats idéologiques) et s'en prenant de façon indiscriminée à des civils (les forces armées de l'adversaire ne sont pas spécifiquement visées) afin d'obtenir un résultat politique. Les résistants français s'attaquaient à des cibles militaires ou stratégiques et non à la population. Des Palestiniens qui s'attaqueraient à des militaires israéliens pourraient être qualifiés de résistants, mais lorsqu'ils se font sauter dans un bus rempli de civils, ce sont des terroristes. Lors de la période de décolonisation, l'ONU avait admis le recours à la force pour obtenir l'indépendance, mais il s'agissait d'actions contre les forces armées de colonisateurs. Le désaccord persistant sur la définition du terrorisme concerne non pas les victimes mais la nature des auteurs de cette action. Pour la plupart des Occidentaux, le terrorisme se limite à l'action de groupes infra-étatiques. Pour de nombreux non-occidentaux, les États peuvent être accusés de recourir au terrorisme. Selon eux, lorsque l'aviation militaire d'un pays occidental bombarde de façon indiscriminée, il s'agit de terrorisme d'État car là aussi les victimes sont des civils innocents.

Le recours aux attentats suicides ou aveugles qui frappent de façon indiscriminée les civils est indéfendable moralement, car il vise par définition des innocents. Il l'est également politiquement parce qu'il a pour effet automatique d'affaiblir dans le camp d'en face les partisans d'une solution politique au profit de ceux qui plaident pour une politique de force. La logique qui s'installe est celle d'un cercle vicieux, où attentats et répression se nourrissent mutuellement.

Ainsi, dans la période récente, le terrorisme ne sert pas les objectifs qu'il prétend servir. Les attentats suicides palestiniens ont fait reculer la perspective de création d'un État palestinien en venant affaiblir le camp israélien de la paix. Contrairement à ce que prétendaient Oussama Ben Laden et Al-Qaïda, les attentats du 11 septembre 2001 ont plutôt pour effet de renforcer la présence militaire américaine au Proche-Orient et les liens avec le régime saoudien que de les affaiblir.

Dès lors, le terrorisme, au lieu d'inverser le rapport de force en faveur de la cause qu'il défend, peut en approfondir l'inégalité en sa défaveur, la lutte contre le terrorisme venant au contraire légitimer le renforcement de l'appareil militaire des puissances dominantes. Un des rares attentats terroristes ayant réussi est l'assassinat d'Yitzhak Rabin, qui a contribué à mettre fin au processus de paix israélo-palestinien. En revanche, si les pratiques antiterroristes dérivent vers une répression aveugle, elles peuvent à leur tour renforcer le camp adverse et légitimer, chez une partie de la population, le recours à la violence terroriste contre les dominants. L'engrenage de la violence mène rarement à une solution acceptable pour un camp comme pour l'autre, au Proche-Orient comme ailleurs.

47

Comprendre le terrorisme, c'est le légitimer

Le terrorisme n'a pas de circonstances atténuantes ou de légitimation. Il est donc inutile, voire dangereux, de chercher à le comprendre. Comprendre amène à trouver des circonstances atténuantes aux auteurs d'actes de terrorisme et à amoindrir leur responsabilité en leur appliquant une culture de l'excuse qui a pour but et pour effet de justifier l'injustifiable.

Comprendre un phénomène ne revient pas à l'approuver, et l'expliquer ne consiste pas à le légitimer. On peut au contraire penser que pour lutter efficacement contre le terrorisme, il faut en démonter les mécanismes et les ressorts afin d'assécher le terreau qui le nourrit. Essayer de comprendre, par exemple, les mécanismes du cancer ne revient pas à l'accepter, mais au contraire à déployer les meilleurs moyens pour lutter contre ce fléau. Il faut à la fois être dur avec le terrorisme, mais également avec les causes du terrorisme. S'attaquer à ses effets sans traiter ses origines ne peut pas permettre un combat efficace. S'interdire de comprendre le terrorisme pour éviter de l'excuser revient en fait à être entraîné dans l'impasse d'une solution purement militaire et forcément partielle. Si, par nature, certains groupes ethniques ou religieux étaient voués à la violence terroriste et que le recours à ces méthodes n'est pas le fruit de circonstances historiques particulières, alors une réponse strictement militaire pourrait être justifiée et efficace. Mais l'histoire et l'actualité nous montrent que le terrorisme éclot dans des circonstances politiques particulières et que le tout militaire n'a jamais constitué une réponse adéquate contre cette violence spécifique, bien au contraire. Une fois de plus, l'exemple de la guerre d'Irak est pertinent : l'opération « Iraqi Freedom » avait pour objectif officiel de renverser le régime de Saddam Hussein accusé par l'administration Bush de soutenir le terrorisme international et de mettre en danger la paix. Or, le résultat a été inverse : les attentats se sont multipliés en Irak, ce pays attirant désormais des groupes terroristes internationaux pouvant essaimer ultérieurement de par le monde. De plus, les services de renseignements américains ont même reconnu en septembre 2006 que le conflit irakien alimentait un profond ressentiment à l'encontre des États-Unis.

Ainsi, ceux qui recommandent de ne pas réfléchir aux causes du terrorisme conduisent inévitablement à l'impasse d'une lutte sans fin : s'attaquer militairement aux terroristes, c'est alimenter le terreau dont ils se nourrissent et s'aliéner une partie de la population prise entre deux feux. Enfin, on peut s'interroger sur les motivations de ceux qui recommandent de ne pas réfléchir aux causes d'une menace qu'ils jugent eux-mêmes capitale…

48

Combattre efficacement le terrorisme peut nécessiter de s'affranchir de certaines limitations juridiques

Le combat entre démocratie et terrorisme est souvent représenté comme étant de nature inégale. Les terroristes, par définition, s'affranchissent de toutes les règles de droit et des tabous moraux. Les démocraties, elles, sont entravées dans leur combat, le strict respect des règles de droit venant limiter leur efficacité et freiner la rapidité de leur réaction. Le droit devient un obstacle à une lutte efficace contre le terrorisme. Dès lors, la fin justifiant les moyens, il est tentant de s'exonérer partiellement de certaines règles de droit afin de mieux défendre les démocraties contre le terrorisme et d'assurer leur pérennité sur le long terme.

Tous les pouvoirs confrontés à la menace terroriste ont peu ou prou pris des mesures d'exception au nom de l'objectif fondamental de la préservation de la démocratie. Ainsi, au lendemain des attentats du 11 septembre 2001, le Congrès américain a-t-il adopté l'USA Patriot Act qui, au nom de la « guerre contre la terreur » limite certains droits civiques – notamment le respect de la vie privée et le principe de la présomption d'innocence – et vient mettre en place un statut juridique spécifique. Mais souvent, ce n'est pas le principe mais le degré d'empiétement sur les libertés civiques qui fait débat, les mesures restrictives pouvant être initialement soutenues par la population, soucieuse de sécurité. Se pose également la question du respect du droit international : son contournement est d'autant mieux accepté par les opinions publiques que le droit international ne semble pas extrêmement respecté par les autres pays et que, par définition, il vient limiter à sens unique la liberté des démocraties d'agir contre le terrorisme. L'argumentaire de l'administration Bush depuis les attaques du 11 septembre 2001 est que les terroristes ne respectant pas le droit de la guerre, ils n'ont pas à être traités selon ces principes. Les États-Unis ont dès lors écarté les conventions de Genève (qui encadrent depuis 1949 le traitement des prisonniers de guerre), ont créé des catégories juridiques inédites (« combattants illégaux », « combattants ennemis ») ne répondant ni aux critères du droit international ni à ceux du droit américain. Ils ont également ouvert ou converti des prisons spéciales, à l'image de celle de Guantanamo, où les procédures classiques ne s'appliquent pas. En effet, les organisations de défense des droits de l'homme dénoncent l'utilisation de traitements inhumains et dégradants contre les prisonniers, et même de torture (scandales, notamment, des prisons d'Abou Ghraib en Irak et de Bagram en Afghanistan) dans le but d'obtenir des renseignements.

L'utilisation de la torture (terme que ne reconnaît d'ailleurs pas l'administration américaine) dans un contexte de guerre contre le terrorisme fait débat et amène à un dilemme bien connu : même si moralement, on condamne la torture, n'est-il pas préférable d'y recourir si les renseignements obtenus permettent d'empêcher un attentat et de sauver de nombreuses vies ? Mais dans la réalité, ces arguments ne résistent pas à l'examen. Du point de vue pratique, la plupart des spécialistes estiment que sous la torture, toute personne peut être amenée à donner n'importe quelle information, exacte ou inexacte. Du point de vue des valeurs, les restrictions aux libertés publiques et les atteintes aux individus constituent une défaite pour la démocratie et une victoire pour les terroristes. Elles permettent aux ennemis des démocraties d'établir une sorte de relativisme mettant en avant l'absence de cohérence des démocraties, ce qui les rend moins légitimes et moins attractives. Et l'on constate que l'une des principales causes de recrutement des mouvements terroristes est la haine suscitée par des politiques ultra-répressives.

49

Le réchauffement climatique sera évité grâce aux progrès technologiques

Les contraintes de nature juridique internationale, comme celles contenues dans le protocole de Kyoto, sont inutiles pour lutter contre le réchauffement climatique. Si ce dernier constitue une menace bien réelle, la solution viendra des progrès de la technologie qui permettront de limiter la consommation d'énergie ou l'émission de gaz polluants.

Ce type de croyances est très en vogue dans une partie de l'opinion publique américaine, dans le sillage de leur ancien président, George W. Bush. Pourtant, cette posture est à contre-courant d'une prise de conscience internationale du risque de changement climatique. Déjà en en 1992 au sommet de la Terre à Rio, les États les plus riches, pour lesquels une baisse de croissance semblait plus supportable et qui étaient responsables des émissions les plus importantes, avaient pris l'engagement de stabiliser leurs émissions au niveau de 1990. En 1997, le protocole de Kyoto a traduit cette volonté en engagements quantitatifs juridiquement contraignants. À l'époque, les États-Unis acceptaient une réduction de 7 %, le Japon de 6 % et l'Union européenne de 8 %. Pourtant, en 2001, les États-Unis, premiers émetteurs de gaz à effet de serre d'origine humaine, ont décidé de ne pas ratifier le protocole. Finalement, le protocole de Kyoto, entré en vigueur en 2005, a été ratifié par 156 pays, à l'exception notable des États-Unis, de l'Australie et de la Turquie. En 2007, au sommet du G8, les pays ont envisagé de réduire leurs émissions de 50 % d'ici à 2050, mais à la demande des États-Unis, de la Chine et du Japon, sans fixer de mesures contraignantes pour arriver à ce résultat.

Pourquoi les États-Unis refusent-ils les engagements chiffrés dans la réduction des gaz à effet de serre ? Lorsqu'il était encore président, Bill Clinton revendiquait déjà une position à part en ce qui concernait la réduction des émissions de gaz à effet de serre, estimant qu'une telle mesure affecterait le développement économique du pays. À cet argument, le président Bush ajoutait également que la part humaine dans les émissions n'était pas prouvée scientifiquement. Mais, plus fondamentalement, cette posture correspond à une méfiance traditionnelle à l'égard de toute contrainte d'ordre externe aux États-Unis et à une croyance en la supériorité technologique des États-Unis et dans le fait que les progrès technologiques permettent toujours de résoudre les problèmes, y compris d'ordre politique. Selon ce courant de pensée, les forces du marché, l'attractivité économique croissante pour ce secteur d'avenir suffiront à impulser les mouvements nécessaires pour lutter contre le phénomène de réchauffement climatique. C'est le marché – et non donc la réglementation – qui permettra de résoudre le problème. C'est néanmoins sous-estimer l'ampleur du problème du réchauffement climatique que de penser ainsi. Un tel résonnement induit déjà une inégalité entre les pays riches et ceux qui ne le sont pas, entre ceux capables de développer des technologies nécessaires et ceux qui ne le pourront pas. C'est également ignorer que la lutte contre le réchauffement climatique passe surtout par un changement de comportement, aussi bien des entreprises que des individus, et que seul l'État dispose de l'autorité et de la légitimité nécessaires pour entreprendre une telle action. Qu'il s'agisse de réglementations (mise en place de quota d'émission de CO2), de normes contraignantes, de taxation (principe du pollueur-payeur, taxe au carbone) ou de subventions (soutien financier ou réglementaire aux technologies prometteuses avant qu'elles ne deviennent compétitives), voire de l'orientation de la recherche-développement, le rôle de l'État – et donc de la réglementation internationale contraignante pour l'État – reste essentiel pour parvenir à un résultat. Le protocole de Kyoto a tout de même été reconduit en 2012, avec cette fois-ci la participation de l'Australie, mais il ne regroupe désormais que les pays responsables de seulement 15 % des émissions mondiales, du fait de la sortie, entre autres, du Canada, du Japon et de la Russie.

Les États-Unis et la Chine restent néanmoins réticents à une réglementation internationale contraignante sur ce sujet, et il semblerait que les pays émergents (Inde, Brésil, Indonésie), dont les émissions sont en forte croissance, soient prêts à les rejoindre au nom de la défense de leur droit au développement.

50

La Coupe du monde de football et les Jeux olympiques sont des événements sportifs

Tous les quatre ans, la Coupe du monde de football et les Jeux olympiques sont les deux événements sportifs mondialisés les plus médiatisés. Trente-deux pays, après une âpre phase éliminatoire, participent à la phase finale de la compétition du sport le plus populaire au monde, et toutes les nations envoient des athlètes aux Jeux olympiques, qui réunissent des disciplines sportives multiples et variées. Ces compétitions suscitent l'enthousiasme des supporters et des spectateurs qui vibrent devant les différents exploits réalisés. Par la grâce de la télévision, le monde entier peut les suivre, ce sont les deux événements les plus visibles et les plus populaires de la planète.

Mais ces événements ne sont pas uniquement des compétitions sportives. Leur impact stratégique ou géopolitique est de plus en plus net. Au moment où la mondialisation vient effacer les identités nationales, les compétitions sportives les redéfinissent. Le soutien à l'équipe nationale de football transcende les clivages sociaux, ethniques, religieux et culturels, et l'équipe devient un vecteur de l'identité nationale. Le match télévisé fédère la nation derrière son équipe.

Lors des Jeux olympiques, chacun essaie de briller et la puissance des nations se compte au nombre de médailles. Nous sommes en plein soft power. Pendant la guerre froide, la compétition Est-Ouest se prolongeait lors des Jeux olympiques, où chaque système essayait de montrer sa supériorité par l'obtention d'un nombre plus important de podium. Aujourd'hui encore, chaque État veut attirer attention, respect et sympathie grâce à ses champions, véritables stars internationales connues et admirées aux quatre coins de la planète. Qu'il s'agisse de vieilles nations ou de jeunes États indépendants, la représentation nationale par l'exercice de la compétition sportive est beaucoup plus visible et fédératrice qu'une ambassade à l'ONU. De même, l'adhésion à la FIFA ou au CIO est aussi importante que celle des organisations internationales.

L'attribution de l'organisation de la compétition fait également l'objet de luttes acharnées. Au-delà de l'impact économique, qui reste relativement limité, l'enjeu se décline en termes de prestige, dans la mesure où ces compétitions sont hautement médiatisées et que le pays qui les organise devient le centre du monde pour quelque temps. Ce n'est pas un hasard si les quatre chefs d'État et de gouvernement des villes qui restaient en lice pour l'attribution des Jeux de 2016 sont venus plaider leur cause en octobre 2009 devant le CIO. Au-delà des aspects techniques des quatre dossiers de Tokyo, Madrid, Chicago ou Rio – de valeur à peu près comparable –, ce sont des critères géopolitiques qui ont conduit au choix de la ville brésilienne. Le CIO entendait montrer qu'il accompagnait – voire même qu'il faisait – l'Histoire en décernant pour la première fois les Jeux à un pays émergent, et ce l'année même où le G8 était remplacé par le G20. L'Afrique du Sud a reçu la Coupe du monde de football en juin 2010.

C'était la première fois qu'une compétition majeure était organisée en Afrique, et l'implication personnelle de Nelson Mandela a été un facteur décisif dans l'obtention de la compétition. Alors que de nombreux commentaires s'inquiétaient de la capacité à organiser cet évènement, la Coupe du monde a été une réussite. De même, la Chine a vu dans l'organisation des Jeux olympiques de 2008 la reconnaissance de son affirmation comme grande puissance. L'attribution de la Coupe du monde 2018 à la Russie et celle de 2022 au Qatar a suscité des polémiques, mais la FIFA a voulu poursuivre l'expansion du football en attribuant l'épreuve phare à des pays qui ne l'avaient encore jamais accueillie. Pour la première fois un pays arabe va accueillir une épreuve sportive mondiale majeure. Istanbul a en revanche échoué à accueillir les J.O. de 2020, qui auront lieu à Tokyo.

ARMAND COLIN s'engage pour l'environnement en réduisant l'empreinte carbone de ses livres. Celle de cet exemplaire est de :
640 kg éq. CO_2
Rendez-vous sur www.armand-colin-durable.fr

PAPIER À BASE DE FIBRES CERTIFIÉES

Achevé d'imprimer en France
par Dupli-Print à Domont (95)

Armand Colin Éditeur
21, rue du Montparnasse, 75006 Paris

11026281- (1) – (3,3) – OSB 90° – STYL - GLR
Dépôt légal : décembre 2013
N° d'impression : 2013120647

Composé par ***Style Informatique***